COPY, COPY, COPY

HOW TO DO SMARTER MARKETING BY USING OTHER PEOPLE'S IDEAS

借鉴的艺术

| 善用他人的创意做创新 |

【英】Mark Earls / 著

John V. Willshire / 插图

魏计美 / 译

人民邮电出版社

北京

图书在版编目（ＣＩＰ）数据

　　借鉴的艺术：善用他人的创意做创新 / （英）马克·厄尔斯（Mark Earls）著；魏计美译. -- 北京：人民邮电出版社，2017.5
　　ISBN 978-7-115-43931-4

　　Ⅰ．①借… Ⅱ．①马… ②魏… Ⅲ．①市场营销 Ⅳ．①F713.56

　　中国版本图书馆CIP数据核字(2016)第275903号

版权声明

内 容 提 要

　　本书是一本视角新颖、见解独到的关于市场营销的书。在广泛研究和大量可靠实例的基础上，作者为广大读者提供了可供效仿、借用的 50 多种策略，可帮助读者理解并成功传播产品创意，具有很强的实际操作意义。

　◆　著　　　　[英] Mark Earls
　　　译　　　　魏计美
　　　责任编辑　　杨 凌
　　　责任印制　　彭志环

　◆　人民邮电出版社出版发行　　北京市丰台区成寿寺路 11 号
　　　邮编　100164　　电子邮件　315@ptpress.com.cn
　　　网址　http://www.ptpress.com.cn
　　　固安县铭成印刷有限公司印刷

　◆　开本：700×1000　1/16
　　　印张：14　　　　　　　　　　2017 年 5 月第 1 版
　　　字数：185 千字　　　　　　　2017 年 5 月河北第 1 次印刷

　　　　著作权合同登记号　图字：01-2015-8498 号

定价：69.00 元

读者服务热线：(010)81055488　印装质量热线：(010)81055316
反盗版热线：(010)81055315

"《人群》（Herd）极尽细致地阐释了人们实际行为的原因——这些事情我都感同身受，然而，现在我遇到了心灵伴侣。《借鉴的艺术——善用他人的创意做创新》是一本必读之书——它"指引"那些真正希望改变世界的人如何实现其目标，内容非常出色。"

玛丽·波塔斯（Mary Portas），零售与时尚大师

"没有人会因为摩城模仿底特律市亨利 · 福特的生产方法而指责它不够新颖。这本令人愉悦的书有力地证明了借用他人想法往往能够比从零摸索带来更多价值，并且还给你指明了如何做到这一点。"

罗里·桑泽兰德（Rory Sutherland），
奥美集团（英国）副董事长兼《旁观者》杂志的维基人

"第 3 本令人欣喜的著作！这本由受人尊敬的'《人群》之父'所著成的有趣的书，是献给任何从事市场营销和行为改变领域的人的，使其了解我们为何会做出这样的选择。厄尔斯（Earls）通过'实践'颠覆了何为创新的社会习俗，令人信服。这本书列举了许多伟大的案例及 52 条可行的策略。它不久就将面市。"

马儒超，营销协会主席兼首席执行官，MBA

"在我的职业生涯中，我模仿过马克很多次。我热切期待模仿他的这本新书，希望将来有一天他也会反过来模仿我。"

保罗·格雷厄姆（Paul Graham），巴宝莉创意事业副总裁

"这本书是马克目前为止写得最棒的（他已著有许多优秀的书）。在我读过的所有关于商业或人的书中，这也是最有用最翔实的一本书。它确实是一本非

常重要的书（而且它值得再三阅读）。你会常常用到它。"

加雷斯·凯（Gareth Kay），

Chapter San Francisco 联合创始人兼 Goodby Berlin 前 CSO

"终于等到你！这本书解开了我们总是荒谬地痴迷于原创的心结。本书列举了大量的例子，从毕加索到马蒂斯再到维可牢搭扣，从埃尔维斯到英国自行车队，再到许多运动和游戏，以此探索本书的中心思想，马克向世人证明，只要你问对'一类'问题，那么模仿常常能实现美好的结果。《借鉴的艺术——善用他人的创意做创新》一书再一次证明了他为何是研究社会行为的伟大思想家之一。"

杰米·库柏（Jamie Coomber），匡威全球数字营销总裁

"原创性就像一个神话，它束缚着创造性。马克欣然阐释了模仿乃人之常情，模仿和变化是一切创意的基础。拥有这本书，你既可以看到一名智者在探究人类行为和创意之本质，又可以拥有一个用之不尽的工具包，这是一本无价的、绝妙的书。获得它并开始模仿，因为毕竟天才都会抄袭。我当然也会这么做。"

里斯·雅各布（Faris Yakob），

Genius Steals 联合创始人，*Paid Attention* 一书的作者

"《借鉴的艺术——善用他人的创意做创新》一书巧妙地将叙事艺术通俗易懂地呈现在读者面前，使生活中业已存在的问题迎刃而解！书中详述的例子和练习既适用于个人，也适用于大小群体。本书与众不同，极其引人入胜，以易用的解决方案应对了当今商界最重大的一些挑战。"

朱莉·多尔曼，

益百利消费服务公司（Experian Consumer Services）消费者部门总经理

"在《借鉴的艺术——善用他人的创意做创新》一书中，马克再次神奇地化难为易。对于如何探索问题、应对挑战，他的思考方式令人耳目一新，他总结的 52 条策略选择真可谓神来之笔。我们将这些创意运用到商业实践中，顿时有拨云见日之感。我建议大家都试着一读……它是冲出'战略家瓶颈'的万灵之药。"

多米尼克·格罗斯尔，
More TH>N, RSA Group 销售营销总监，ISBA 执行委员会主席

"一直以来，我十分钦佩马克·厄尔斯 (Mark Earls) 为人类行为及其相关品牌和创新的最新研究带来的新颖独创洞见。所以，坦白说，在得知他的新书是赞美模仿时，我感到不安。我其实无需担心。这位领先的英国商业思想家再一次让我们以新鲜、颠覆的方式看待我们生活的世界。他对社交媒体的影响及其结果的评估影响着身处 21 世纪且全力应对不稳定品牌战略的人。在结合理论与实践这一点上，这本书比市面上大部分书处理得都好。模仿他人，成就伟大，他传达的大部分信息意趣横生且在人们意料之外。"

大卫·亚伯拉罕（David Abraham），PLC 第四频道 CEO

"欢呼吧，这本关于市场营销和行为变革的书不仅见解深刻、发人深省、趣味盎然，而且可以被真正运用到实践中！对于读过马克之前著作《人群》和《盗言窃行》的粉丝们来说，这本书才是我们一直翘首以盼的；从理解创意是如何传播的到成功传播你的创意，我们在这段旅程中又前进了一步。对于任何寻求改变的人，我建议你首先学会模仿。"

乔·詹金斯（Joe Jenkins），地球之友服务主管

"复制、粘贴、编码、创建、分享。这些是广受互联网创意界欢迎的工具。《借

鉴的艺术——善用他人的创意做创新》一书为现代营销界打开了创意思维的一扇新的大门。"

凯瑟琳·帕森斯（Kathryn Parsons），Decoded 公司联合创始人兼联合 CEO

前言

我们苦苦追求的原创……
或许易如反掌——模仿即可。

在今天的市场营销中，我们对原创和卓越创意给予了前所未有的重视。

我们对此爱得如痴如醉。

我们对此爱得入木三分。

越是拥有，越是不满足。

越是无法得到，越是为此疯狂。

因为我们认为这是所剩无几的几种打造竞争性优势的方式之一。

因此，你在戛纳电影节等广告业盛会上偶遇艺术导演和偶遇市场营销人的概率是一样的。他们都想了解拥有创意的人们在做什么、如何做。

因此，企业会花重金聘请我帮助他们及其合作伙伴实现更优的业绩。

因此，"衍生的"或"非原创的"会成为现代市场营销最糟糕的事情。

然而，我们依然不知道如何获得"原创"想法。

我们不总是明白最佳的新想法和新策略是如何产生的。

我们想假装一切都是以演绎的、可预测的及重复的方式（就像我们的生产流程）发生的，然而，内心深处，我们知道事实并非如此。

同样地，被我们标榜的"创意者"一直告诉我们，新想法的产生是非常神奇的——它是一闪即逝、灵光一现、血液沸腾或第六感突然造访而涌现的。

然而，我们也知道这不是事实。至少，在绝大多数情况下，这不是事实。

因此，本书开创了一个全新的、备受争议的可能性。

因为它告诉我们，原创的产生不能靠绞尽脑汁、冥思苦想，或者祈祷天上掉馅饼。

而是通过简单的、人性化的模仿。

在本书中，马克（Mark）建议我们学习模仿要有效（他指的是汲取精髓）：灵活运用而非刻板模仿，放眼世界而非局限于直接竞争对手。

他认为，模仿是产生新颖创意的最佳方法，虽然这听起来有些荒谬。

前提条件是你要学会汲取精华。

他为我们提供了模仿的工具，提出了一系列问题，而且提供了大量素材用以模仿（所有素材都整理为我们努力改变或鼓励改变的各种行为类型）。

我一直是马克大作的超级粉丝——《创意年代》（Creative Age）、《人群》（HERD）以及《盗言窃行》（I'll Have What She's Having）。这些书改变了我对市场营销、传播以及人们行事方式（与我们已知的信息是不同的）的思维认知。

《借鉴的艺术——善用他人的创意做创新》是一本与众不同的书，更具有实际操作意义；它呈现了这些想法，并且——马克在自己经历的启发下——告诉你如何将其运用到实践中。

据为己有。

学为己用。

我知道他希望大家成功模仿。

全球创意战略内容与设计副总裁

沃尔特·苏西尼（Walter Susini）

"如果我看得远，那是因为我站在巨人的肩膀上。"

——艾萨克·牛顿（Isaac Newton），1676 年 2 月给罗伯特·胡克的信

序言

站在巨人的肩膀上

光学、数学和科学方法

　　艾萨克·牛顿无疑是人类历史上最伟大的科学家和最有影响力的思想家之一。若无牛顿，现代世界将不会是现在的面貌。若无牛顿，人类将没有爱因斯坦、没有微软、没有苹果公司、没有因特网、没有月球探测器、没有脸书（Facebook）。

　　牛顿发明了微积分学，奠定了现代数学及一切相关应用的基础（后来人们发现戈特弗里德·莱布尼茨（Gottfried Leibniz）同时发明了微积分，尽管牛顿从未承认过这一事实）。他提出的光与光学的理论也改变了该领域。他出色地汲取了哥白尼（Copernicus）、开普勒（Kepler）和伽利略（Galileo）之著作的精华，从根本上改变了物理科学。例如，他的万有引力定律仍然是我们认识物理世界不可缺少的一部分（尽管有爱因斯坦（Einstein）和海森堡（Heisenberg））。毫无疑问，牛顿是同时代科学家中拥有最杰出科学头脑的人，因此，他几乎毫无争议地当选为英国皇家学会（当时最具名望的科学学术机构）的主席。

虽然他一生才华横溢、硕果累累，然而他并不是一个和蔼可亲的人；不是一个可以让人轻易爱上的人；甚至不是一个容易相处的人。大家对他的普遍印象是：

"他是一个不苟言笑、古板正经、极端严谨的人，总是面色忧郁、若有所思的样子"。

托马斯·赫恩（Thomas Hearne）与牛顿完全是同时代的人，他这样描述牛顿：

"艾萨克先生身形矮小、身材结实。他满脑子都是想法，与人相处时寡言少语，谈话也不令人愉快。"

一个脾气暴躁的小个子。

尽管他拥有非凡的才能，然而不得不承认，牛顿是真正的（有才气的？）可怕的记仇的人，尤其是在发明所有权方面：例如，在发表《自然哲学的数学原理》之后，他与同时代的科学家、曾经的朋友罗伯特·胡克（Robert Hooke）（他是伟大的实验科学家，也是一个急躁易怒、难以相处的人）发生过多次激烈争吵，因为后者声称为牛顿的万有引力、三大运动和光学著作也做出了贡献。牛顿似乎非常不情愿将荣誉分享出去，尽管理应如此：他认为荣耀至少在很大程度上都应归属于他。

因此，我们在正文之前引用牛顿给胡克的信显得非常重要，因为这表明，即使是艾萨克·牛顿也不得不承认（尽管只有一次，只是在他的私人信件中承认的），他人的著作在他的成功中起到了作用。全文如下：

"勒内·笛卡儿（Des-Cartes）做得非常棒。你已经新增了几种方法，尤其是将薄板的颜色纳入哲学思考的范畴。如果说我看得更远一些，那是因为我站在巨人的肩膀上。"

的确是站在巨人的肩膀上。

"牛顿的伟大作品是建立在他人著作的基础之上的。"

因此，即使是最伟大的科学家也不得不承认，他的研究成果是以他人作品为基础的，绝非凭空想象。他模仿了他人的成果。

为公平起见，这是我们称之为"科学方法"的工作方法，该方法被牛顿及其 18 世纪英国皇家学会的同仁采纳过。这种工作方法营造了一种氛围，即科学家们可以彼此借鉴，彼此秘密采用他人的成果。

然而，绝不能仅仅根据社会地位和名望声誉来判断科学家工作的真实性（这是中世纪的"自然哲学家"被迫工作的方式）。皇家学会的一句会训非常重要，拉丁文为 Nullius verba，翻译过来大体意思为："不要因为他们是名人就对他们说的话照单全收"。

这种工作方法也劝诫科学家不要采纳似是而非的观点（事实应该是什么情况或者我们希望是什么情况）。相反地，该方法坚持可观察到的、可证实的事实：即以稳健的、透明的和可靠的方式收集的实证证据。

但这种方法也不是万无一失的——即使是同行评审也会使想法中的潮流和趋势传播开来，尤其是在社会学领域。这种方法也可以相当保守，压制某些易接受的观点。同样地，新工作可推翻之前表面上合情合理且长久以来得到认可的想法——例如，爱因斯坦的相对论是对牛顿未"描述"（详细描述）的时空观的拓展和修正，"这些得到了世界公认"，爱因斯坦如此说到。爱因斯坦只是将缺少实证基础的工作作为其工作的起点，以此挑战牛顿的宇宙观。

牛顿、爱因斯坦及所有追随他们的科学家；你、我以及众生：我们在他人成果的基础上成就我们的事业，这些人我们或许见过，有些我们则素未谋面，有些人还健在，有些人则早已逝去。

> **"我们都站在他人的肩膀上成就我们的伟业，而助我们一臂之力的人通常却从未谋面。"**

边际收益

五年前，极少有人会想到英国会成为自行车赛的主力军——不是法国、意大利、西班牙、德国、美国，而是英国奥运队——无论是在普通公路还是在赛道上，都不在话下。

在举世闻名的公路自行车赛（环法自行车赛（Tour de France））最初的98年里，没有一名英国车手入围前三名。然而，在不到三年后，一名英国车手一举夺冠，英国自行车队横扫奥运会上10枚金牌中的7枚。自行车赛现已成为英国的一个主流运动——无论是在公路上还是在赛道上；观众和运动员莫不如此。

他们之前表现平平，之后又表现非凡，个中缘由是，一名英国人决心借助他山之石。

当戴维·布雷斯费德（Dave Brailsford）执掌天空车队（Team Sky）时，他和团队设定了明确的目标，制定了简洁的战略（布雷斯费德将此归功于他在谢菲尔德·哈莱姆大学 (Sheffield Hallam University) MBA 的学习经历）："边际收益的累积"。简言之，它是"聚沙成塔"的意思——集中力量在小优势上，然后厚积薄发，成功将是水到渠成的事情。利用天空车队之星火，成就英国奥运自行车队之荣光。

布雷斯费德经常向比尔·比恩（Bill Beane）（传奇的"奥克兰运动家"棒球队教练，其真实案例被迈克尔·刘易斯（Michael Lewis）记录在了《点球成金》（*Moneyball*）一书中）表达谢意：

> "有人走进来问，'我们在评估的项目合适吗？'此话让人耳目一新……比恩站起来说他不会循规蹈矩……每个行业里大家都以相同的方式做事，直到有一天有人站出来说'等一等'，这令人眼前一亮。"

布雷斯费德利用统计学为团队做出更好的选择，比如何时投资于某位车手，何时撤换车手。他是英国精英体育（如切尔西足球队的迈克·福德（Mike Forde）与利物浦队的达米安·科莫利（Damien Comolli））中精英人才之一，他们学习本国的其他精英，也学习他国的体育精英。

在自行车赛中，这种算数思维使奥运自行车队能精确计算出他们还需要骑多远，车轮还需要转多少圈，如果车手偏离后赛车线 4 厘米，那么他们将多耗费多少时间：胜败就是由这些小边际决定的。正如阿尔·帕西诺（Al Pacino）在饰演《挑战星期天》（*Any Given Sunday*）中所说的：

> "你会发现人生其实就是一个几英寸的游戏，就像橄榄球……我们需要的几英寸就在我们身边每一处。"

布雷斯费德从许多不相关的学科中学习了专门知识和技巧（而不是从其他自行车赛教练身上）：传染病学、睡眠科学、营养学，以及可以为其车手带来边际优势的任何其他领域。他与世界上最成功的足球俱乐部——曼彻斯特联队——的经理亚历克斯·弗格森（Alex Ferguson）先生详谈了如何进行团队建设，同时也为如何借助医学上认可的洗手技巧来降低病毒和细菌的发生和传播而烦恼，因为它会影响车手的成绩。

> "你真的知道如何洗手吗？没有落下手指之间的部分吗？"

"模仿助他赢得了自行车赛。"

布雷斯费德提出的"边际收益累积效应"是强大的难以置信的全面策略，但它是源于模仿——研究边际优势而获得的专门知识。自行车赛的成功归功于模仿。

《黑暗物质三部曲》（His Dark Materials）

菲力普·普曼（Phillip Pulman）是当代最成功的小说家之一：他的《黑暗物质三部曲》已售出 2000 万册，它讲的是平行世界里错综复杂、情节微妙的奇幻经历，还融合了科学、信仰、迫在眉睫的灾难以及年轻人和无能为力的人面临生死攸关的道德选择等元素。该书出版后畅销不坠，获得了诸多重要的奖项，俘获了世界各地读者的心。已逝的克里斯托弗·希钦斯（Christopher Hitchens）指出，普曼的小说"模糊了成人与少年的界限"，实现了表面上看起来不可能的成绩——对任何作者、这个时代或任何时代来说都是成绩斐然的。然而，我们相信，20年后，当我们再为中学生讲述他对希腊神话的热忱时，它将黯然失色。

或许普曼最令人难忘的是他的叙事策略，他创作了一个"恶魔"形象——他的《黑暗物质三部曲》中的各个角色情不自禁显露出来的一个有形的、可触摸的动物形状的鬼魂。作为一种叙事策略，"恶魔"形象使得普曼可以运用各种有趣的叙事方式——暗示每个人宁愿掩藏起来的性格的另一面，或夸大与更强大的人物交流时的心理影响。

因此，普曼在最近接受采访时，当被问到他自己的"恶魔"时他说：

"她是乌鸦家族的一种鸟……邋遢古老的东西！她偷窃一切闪闪发光的东西。"

这也解释了他文学创作的来源：

"我窃取故事创意。我很高兴从莎士比亚或电视肥皂剧（我还特别乐意借鉴邻居的创意）处或者从公共汽车的顶部酝酿故事想法……"

"模仿是创意的灵魂。"

至少对普曼来说，模仿是创意的核心部分。

事实证明，这样做的人还有很多。

天才也模仿

毕加索（Picasso）同样认为，"天才模仿，智者剽窃"，模仿在艺术及艺术家努力创作的过程中占据着主要作用（正如我的挚友法里斯·雅各布（Faris

Yakob）所言）。

托马斯·斯特尔那斯·艾略特（TS Eliot）更大胆，她认为所有诗人的模仿都是必要的，差的诗人只会"丑化模仿的东西；伟大的诗人使模仿的东西变得更好、或至少与众不同"。

英国大文豪威廉·莎士比亚（William Shakespeare）从伦敦的书报摊上偶得的手稿中发展了他的故事情节（他的故事只有 3 个是原创的，即没有主要依靠外部来源）。然而，他借助模仿创造了全新的、不同版本的故事。

"莎士比亚只原创了 3 个故事。"

乔治·RR·马丁（George RR Martin）是红极一时的美剧《权力的游戏》（Game of Thrones）的作者，他承认其创作也采用了相同的方法：

> "在《冰与火之歌》中，我模仿了《玫瑰战争》（Wars of the Roses）及其他虚幻的东西，所有这些都交织在我的脑海里，最终凝结成我自己独有的作品。"

最后是伏尔泰——法国启蒙运动的伟大英雄，独立思想（与传统智慧相对照）之王——以些许悲观的方式将创意描述为"明智的模仿"。

我们来看看埃尔维斯·亚伦·普雷斯利（Elvis Aaron Presley）的案例。他 17 岁时是一名卡车司机，家中的独生子，父母都是美国田纳西州孟菲斯市的穷苦白人。你认为他是如何成功攀登至文化艺术之巅峰的？正如伦纳德·伯恩斯坦（Leonard Bernstein）所说的，"他代表 20 世纪最伟大的文化力。他将节拍贯穿到每件事物中——音乐、语言、服装，开创了全新的文化大变革——整整影响了 60 年代的人。"

他取得这样的成就完全是依靠原创吗——所有一切都是他自己独创出来的吗？不断冥思苦想直至创作出惊天动地的音乐？并非如此。他是吸收了他在比尔街（Beale Street）上听到看到的音乐、风格及舞蹈，最后创作出他自己的音乐。

埃尔维斯是摇滚乐之父，然而正如我们看到的，他也是靠模仿成名的。

为何如此重要？

我们所有人都在奋力创新——为老问题找到新的解决方案、找到新的工作方法、新的思维方式。上帝啊，让我们的工作比原来更好、更快速、更具有可持续性或者更有效吧。我们坚持不懈地研发新产品、制定新战略，以便适应快速变化的外部世界（竞争需求和我们的金融霸主地位）。

当然，一些是由于我们追求新奇而驱动的——对新事物永不满足的欲望，无论付出什么样的代价，无论新事物产生的价值是多少，这是当代文化的印记之一——但多数情况下是出于良好的愿望。

> **"我们都希望为我们的组织机构面临的真实又紧迫的挑战找到新的答案和新的解决办法。"**

我们都希望为我们的组织机构面临的真实又紧迫的挑战找到新的答案和新的解决办法。我们希望提出并讨论新事物：新想法和新策略。

近年来我们已学到了很多，尤其是从软件和服务产业中学到了如何安排工作——如何更"敏捷"、更快速地进行原型设计。所有这些都有助于我们加快面市的速度，有助于我们增强向顾客学习的能力（即使它忽略了复制在编写软件日常业务中最重要的作用）——若无剪切粘贴，每一行代码都必须重写。而通过代码目录及类似的东西，就能更好更轻松地重新利用其他编码者的工作。

如果不是为了你们这些麻烦的孩子们

各种组织机构都在与涉及人的因素的各种挑战做斗争，例如市场营销、行为变化和变革管理等领域。涉及人的参与，任何事情都会变混乱、迷惘，在很多情况下甚至无法预测。人类行为是非常复杂的现象，真的难以改变（你最亲近的人的行为都难以改变，何况是与你素未谋面的人，更不用说成千上万的人）。

> **"人类行为是一种复杂的现象，真的难以改变。"**

无论经营行为变革课程告诉你什么，其实这些课程都没有你想象的成功——组织机构内的这类课程绝大多数都是雷同的，只是企业组织结构图不同，最后只留下一些奇怪的 T 恤和咖啡杯。这正是以并购寻求驱动增长总是糟糕的赌注的原因之———把两拨为自己工作感到焦虑的人集合在一起做一件事情要比让一拨人做这件事情的难度大两倍以上。

组织机构外的类似课程也好不到哪里去——即使在最好的情况下，市场营销也是企业中薄弱的一环，而非强大的力量（这正是我们成功时予以庆祝的原因），绝大多数政府都试图改变国人的行为，效果却远低于人们的想象，完全不如部长们宣传的效果好（这正是英国内阁行为研究小组在政策设计上超前的原因）。

因此，你不禁要扪心自问：你为何还坚持在你从未找到过的精彩又新颖的全新解决方案中寻求救赎，你何时才能轻轻松松地模仿之前行之有效的东西呢？

独一无二之专横

我们这样做的部分原因是我们喜欢单独应对每个问题或挑战——把它当作我们之前从未遇到过的事情——一个需要独特的、唯一的解决方案的问题。我将此称为独一无二的专横。

> **"我们这样做的部分原因是我们喜欢单独应对每个问题或挑战。"**

独一无二的问题对问题负责人和潜在的解决人都是一种奉承（潜在解决人因为摆在他们面前的挑战的独特性质而备受景仰——是的，整理出问题是很棘手的，只有最棒的人才能解决问题——而且解决问题还需要独特的技能和战略天才/魔法）。

但这种态度真的对双方都毫无益处：好像不可能解决任何问题，除非你有超能力、过人的勇气等。我们最近合作了一个客户，他们无意间阻止了员工解决核心战略挑战问题，将其描述为"就像为时速 250 英里的 F1 赛车换轮胎，而赛车都没有减速或进入维修站"。这怎么行，竟然没有用到魔杖或时间机器，或同时具备两者。

将事情看作独一无二的存在倒是讨了问题负责人和潜在解决人的欢心，但确实没有任何用处。

同样地，我们期望独一无二的解决方案——就像公主盼望被王子救出塔楼——通常会导致我们错失完全可接受的、可行的解决方案，而且是在我们熟悉有效的基础上（在这个前提下我们应该予以考虑）。换句话说，独一无二的专横也使之更难以选择或购买优秀解决方案。

为什么不接受之前行之有效的方法呢？

并不是所有模仿都有益

我们在进行深入探讨之前不得不承认，这种讨论使许多人都感觉不舒服。原因不仅仅是对每个问题独特性的设想，还有可以解决这些独特挑战的人的英雄情结。

不是的，我们许多人感觉不舒服是因为我们的个人主义文化，它如此重视原创性，蔑视并指责模仿。

"我们的个人主义文化是如此重视原创性，蔑视并指责模仿。"

想想我们的文化为这种个人主义效劳得多么尽心：我们被鼓励"自我实现"（也就是马斯洛（Maslow）的需要层次论的最终需求状态），我们被鼓励寻找我们自己的声音，寻求我们自己的生活方式，实现自我，结果导致我们要么躺在治疗师的沙发上，或探索在书店黑暗的自助通道里，或者灵魂迷失在的漫漫黑夜里。

我们被教导这就是创意产生的地方——孤独的（有时是扭曲的）天才遗世而独立地创造奇迹。我们仰望个人主义创新英雄——毕加索、莎士比亚、牛顿、乔布斯（Jobs）、弗洛伊德（Freud），以及（他们英雄般创作的生命历程以及身后的万人景仰——即使这是一生都挣扎于贫穷，不被公众认可、固执孤独的创造而换来的光环）。相比之下，我们认为艺术或商业中的模仿是平庸无奇、毫无价值的。正如奥斯卡·王尔德所说，"大多数人都在重复他人的人生轨迹：他们的思想是别人的观点，他们的生活是在模仿别人，他们慷慨陈词时引用的是别人的话语"。

相比之下，广告业巨头 BBH 公司长期使用害群之马的主题来凸显其创造性中的异类和非绵羊本性。同样地，为表示强烈反对，我在本书的设计中使用了沃霍尔式的羊。

我的观点简单明了：原创想法、事物和战略是众人（头脑）努力的结晶，而非一个人的功劳。我们相互学习——相互模仿——从而创造新事物。在适当的情况下，模仿的确可以帮助创造新奇有效的解决问题的方案。模仿远比单打独斗更能打造新颖的事物、创造价值（事实上，正如我们所看到的，伟人们一直——几乎一直——把模仿作为他们创作的主动力）。正如政治记者欧文·琼斯（Owen Jones）所说的：

> "我们都是社会建构的积木，构筑着一个巨大的动态系统，剥离到个体部件是无法理解这个系统的……我们的行为，无论好的还是坏的，都满是他人的印记。"

然而，你们不是这样想的，对吗？当你认为乔治·哈里森（George Harrison）的《我亲爱的上帝》（*My Sweet Lord*）和吉米·麦克（Jimmy Mack）的《怦然心动》（*He's so Fine*）（Chiffons 乐队组合的一首主打歌）实际上是同一首歌（纽约市巡回法官的裁决，虽然是无意识的），你不想觉得这位前披头士乐队成员的调子难听都难。模仿永远不是原创，不是吗？

明确地说：并不是所有的模仿都是有益的；的确，以复制、伪装为目的，或商业上称之为"标杆管理"的行为——所有类型的"刻板"模仿、又被称为"叠影狂花"（*single white female*）式的模仿（同名电影——见第二章）往往会降低价值而非提升价值。

"刻板"或"叠影狂花"式的模仿常常没有任何意义，还不如不模仿。

"迂回的模仿或者局外的模仿正是这个世界所需要的。"

与之相比，"灵活的模仿"——迂回模仿或局外模仿——正是这个世界所需要的。我们将在本书后半部分探讨灵活借鉴的众多各异的方式。

因此，为了真正接受模仿，你需要做的不仅是学习如何有效模仿（或拙劣模仿）；首先，你需要克服强加给模仿和模仿者的文化烙印。

模仿的重要性

下面是我的观点。

🐑 模仿是开发新人才战略的伟大黑客（此处"黑客"指的是捷径或快速通道，而不是"电话窃听"中"黑客"的意思）。

🐑 模仿做起来并不难。它依然是人类伟大的天赋之一——不要忘记"猴子有样学样"。人类模仿比猴子模仿的历史更悠久、模仿得更好。

🐑 模仿意味着你不必单打独斗：除了"打电话联系朋友"之外，你还有其他选择。你需要利用他人的智慧、经验和成功：只要你喜欢，他人可以是你从未谋面的人，也可以是早已逝去的人。你并不是一个人靠你的个人智慧面对野兽——就像你背后有整个军队在支撑你，或者所有X战警（X-Men）站在你的身后帮助你。

🐑 模仿也意味着你不必孤立看待问题——不必将其看作鬼斧神工的大自然中独特的、从未遇到过的事情。你可以开始思考不同类型和类别的问题，触类旁通。

🐑 模仿也意味着你会前行得更快——他人的成功战略助力你"敏捷"（大家现在都喜欢这么用）：花更少的时间研究战略规划大师亨利 · 明茨伯格（Henry

Minzberg）提出的"战略即规划"，花更多的时间制定战略。

鉴于以上讨论的原因，你可以看到战略思维贯穿古今。模仿意味着你不必将所有头脑视为天赋——它促使你学以致用（因此学习、调整并发展你的人才战略以应对市场变化，而不是坐享其成）。正如脸书上呐喊的那样，完成好过完美。

涉及人的任何敏捷过程的开端都是模仿——它确保你拥有完成这一过程的有效内容。

超越跨界混搭

然而，本书讨论的不仅仅是模仿的优点。近年来，我们都已观察到、讨论过混制文化和"跨界混搭"等。我们中的一些人已发展了对嘻哈文化（虽然我们不是来自于洛杉矶南部）和（各种）街头艺术的持久热爱，而我们喜欢在漂亮的中产阶级公寓中将其展示出来。

不，本书提倡的是从根本上反思如何解决问题——反思你应该如何制定战略，解决每个组织机构内外面临的棘手的挑战。

答案就是模仿。

继《人群》（HERD）之后

我之前两本著作分别是《人群》（HERD）和《盗言窃行》（I'll Have What She's Having）（后一本是与亚历克斯·本特利（Alex Bentley）教授和麦克·欧布雷恩（Mike O'Brien）教授合著的），两本书都没有就我在此处想表达的想法提供特定建议。

我很高兴描述一个更佳的路线，为读者保驾护航，克服人为挑战。我认为，如果能激发我们的同辈人和同时代的人找出如何改变自身行为的答案，这就足够了。

　　除此之外，我还与各行各业的读者进行过许多有趣的谈话。他们有从事市场营销的、有军界的、有从政的，也有企业高管，这些谈话开拓了我的视野，拓展了我对路线新应用的认知。但是一切都明确表明，我们需要更深入，需要提供更具有实践意义的指导。正如马克思（Marx）所言："哲学家只是以各种方式诠释了世界，而真正的意义在于改变世界。"

　　因此，讲的专业一点，本书是实践与理论并重，具有实践意义，而不是只有描述。本书既囊括了如何模仿、模仿什么，还讲述了为何模仿以及模仿的有趣历史。

　　本书还包括如何唤醒你内心深处的"羊"。

　　对于未读过我之前写的两本书（高度推荐）的读者来说，我简单介绍一下。第一本书是讲人类行为中个人许多根深蒂固的行为事实上是由个人与同辈人——人群之间的行为塑造的；第二本书展示了一个简单的数据引导的路线图，思考不同的个人行为和集体行为，借助最新的社会科学来阐释该路线图的本质以及它形成的分类。

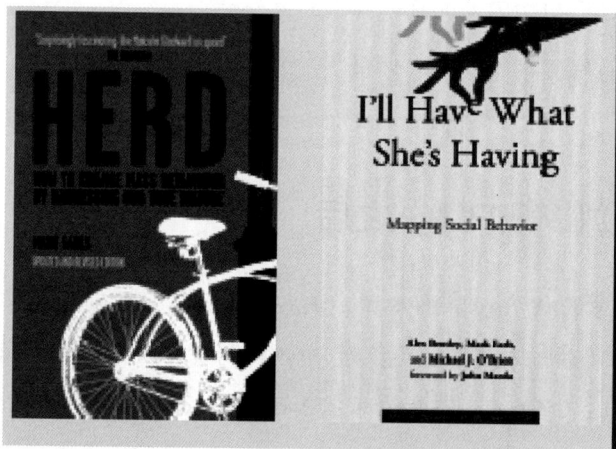

不同的问题

我在接下来的篇章中描述了新方法，其中心部分介绍的是与绝大多数战略家的问题迥然不同的问题：

该问题应归于何类？

类似问题的解决方案是什么？

我们的解决方案是什么？

这些"何类事情"的问题跳出了独特性的陷阱，帮助你获得适当的例子，在真实世界进行考验。

但是你也需要了解应模仿什么——什么事物可以有效解决类似的问题。你可以只采用你设想的——你最喜欢的品牌采用的、或你最喜欢的市场营销或商业大师推荐的战略。大多数情况下这将比只固执于独特性好得多。

但更好的办法是使用我们根据"何类事情"归纳整理的 52 种不同的成功策略——根据行为类型归纳——这样你可以很快地从"何类事情"进展到"何类"策略，然后到例子，接着再到原型。随后你就可以开始根据你面临的挑战了解哪些可以解决问题，哪些不可以。

本书的宏伟目标

这是我在本书的前 5 章既介绍创意又讲述实际案例的原因。

1. 赞美模仿：探索关于模仿、原创性和创意的奇怪想法，介绍模仿在塑造人类行为和进步方面令人惊奇的重要作用。这为本书奠定了明确的基础。

2. 如何模仿：模仿得好与差、刻板与灵活、提出"何类事情"的问题。

3. 何类事情：本章帮助你熟悉"何类事情"工具箱，有助于你找到从何处模仿。

4. 从何处模仿：归纳了 50 多种不同的策略，适合于不同种类的问题。

5. 青出于蓝：本章有很多例子，有的来自于我个人的实践，有的来自于同事和同辈人的实践。让你自己接受一些挑战的想法和策略，然后打造你自己的"版本"，我希望让你有信心这样做。

总之，我希望在市场营销、管理、策略制定和行为变化中鼓励广泛使用模仿。我希望帮助你学习更频繁地模仿、更好地模仿（这里指的是更灵活地模仿，从局外模仿多个解决方案）。我希望你这样做时感到问心无愧。

模仿他人的模仿

我非常有幸和布里斯托大学 (Bristol University) 的亚历克斯•本特利教授合作了大约七年的时间，共同完成了许多工作。尤其是他关于行为科学文献的非凡学识，他学术上的宽宏大度，他令人难以置信的实用技能打造了"何类事情"工具箱，开创了这种共同解决问题的方式。

与此同时，我有幸与 Smithery 公司的 John V. Willshire(他发明了人工图卡和插图风格，本书时不时会出现一些图卡) 共同完成了很多工作。他对思考和实践的贡献是不可估量的（可以这样说）——这不仅是因为他仔仔细细阅读了本书。

对本书做出贡献的人这里没有一一列举——增加了一些我最尊敬的人——无论是否知情（见致谢）。

我一直试图在成书过程中捕捉我们工作的意蕴——渊博而有用，严肃庄重同时又不失风趣幽默。例如，我在每章的开头部分都总结了本章的内容：我也纳入了你或许会玩的游戏的推荐以及需要做的事情——待解的谜题、思考问题的方式、以及你可能会咨询的内容，以便进一步探索模仿的创意。

学习编码还是学习模仿？

当今商界炒作学习编码的重要性（编写软件代码），要说的还有很多（我非常享受与解码专家理查德（Richard）和凯瑟琳（Kathryn）一起工作的时光，全心全意推荐）。

然而，在我看来，学习好好模仿（否则的话，将导致东施效颦）真的应该成为任何商务教育的核心内容之一。无论你是工作在组织内外、或工作在组织机构与其客户之间、或者组织机构与其他利益相关者之间，无论你是负责市场营销、策略还是全面管理，学习好好模仿都是必须的。

如果你还需要更大的鼓励，那就请铭记序言开头部分介绍的，模仿是伟大创新者信手拈来的工具，也是伟大创新工作的重要组成。这完全符合本性（是我们人类的天赋之一），并可创造极好的东西——老实说，夫复何求呢？

埃尔维斯、牛顿、普曼、布雷斯费德、莎士比亚和毕加索都愿意做的事情，你还犹豫什么呢？

目录

"大多数人都在重复他人的人生轨迹：他们的思想是别人的观点，他们的生活是在模仿别人，他们慷慨陈词时引用的是别人的话语。"

——奥斯卡 · 王尔德（Oscar Wilde）

本章主要涵盖以下内容。

本章主要探讨我们对原创和模仿、欺骗、伪造及身份的相互矛盾和冲突的看法。

我们最喜欢的莫过于原创，最讨厌的莫过于模仿。是非曲直似乎清晰明了、无可争辩。

然而，事实证明，讨厌模仿并不是人类的共性——它是盎格鲁撒克逊人的独特天性，是最近的一个现象。

同样地，现代科学表明，模仿对于我们所有人是何等重要——不管是对于个体、社会还是整个人类。

特别是，模仿是创新的核心——不模仿，无创新。

那么本章我们最好从了解"独特的艺术家——模仿时代的原创者"埃尔维斯·普莱斯利（Elvis Presley）开始，您意下如何呢？

我们开始吧！

COPY

1

第一章

赞美模仿

模仿、原创、发明、
创新与摇滚乐之父

欢迎来到埃尔维斯 "王国"

说到模仿，全球最令人百感交集、感慨万千的盛事当属每年一度的埃尔维斯音乐节（Elvies Festival），该音乐盛会每年 10 月在潮湿多风的南威尔士海边小城波斯考尔举行，这是一个不起眼的颇具特色的度假胜地。埃尔维斯音乐节是全世界最大的纪念已故摇滚先驱埃尔维斯·普莱斯利（Elvis Presley）的音乐集会（其每日参加人数仅次于火人节（Burning Man Festival））。在秋季的每个周末，布里斯托尔海峡的青灰色波涛滚滚向前，威尔士海岸的后工业化景色迷人，在这风景如画之地，来自世界各地的歌迷扭胯摇摆装扮成猫王的样子。

2012 年，埃尔维斯音乐节创造了奇迹：它见证了历史最多的埃尔维斯的模仿者齐聚一堂摇滚起来，唱起《猎狗》（Hound Dog）（打破了两年前美国耐克销售大会的记录）。埃尔维斯音乐节的组织者彼得·菲利浦斯（Peter Philips）表示，"埃尔维斯歌迷老少皆有，从咿呀学语的 3 岁稚童到 80 岁的蹒跚老人，他们遍布世界各地，包括英国、爱尔兰、德国、马耳他，甚至是巴西。他们都穿着埃尔维斯的服装，从金色外套到皮革连体衣再到军用制服。"（如果照片不足为证，那么拉斯维加斯埃尔维斯音乐节的盛况便是最有利的证明。）

1-2-3-4：走起——跳跃、旋转、扭动、摇滚。

模仿原创

表面上，埃尔维斯音乐节是一场模仿的狂欢——装扮成这位伟人的样子庆祝伟大的创新者。米克 · 贾格尔（Mick Jagger）称赞其为"唯一的艺术家——在这个人云亦云的领域，他遗世而独立"。

> **"埃尔维斯音乐节是一场模仿的狂欢。"**

就绝大多数纪念埃尔维斯的活动来说，大部分人似乎都喜欢这类公开表演模仿埃尔维斯的活动——实际上，没有人非要装模作样地装扮成埃尔维斯，即使他们已经模仿得惟妙惟肖。没有人自欺欺人或欺骗他人——除了"在油炸食品店工作的那个人发誓他就是埃尔维斯"，正像那首歌唱的那样。

有些人模仿得像模像样，有些人则不伦不类：有些人声音很像，有些人表情很像，有些人服装很像，有些人腿型很像。以上条件都不具备的人，他们的装扮也被接受，因为其精神可嘉。好的和差的模仿似乎都一样被接纳，准确的和不准确的模仿到头来都一样。有胖胖的埃尔维斯，也有苗条的埃尔维斯，还有年轻的埃尔维斯（有些人非常年轻，都可以做他的孙子了）或年长的埃尔维斯。每个埃尔维斯都是"王国"的好臣民。

即使模仿得最像的威尔士人"摇晃的"迈克尔 · 巴雷特（Michael 'Shaky' Barrett）（又被称为"扭动的史蒂文斯"）踉踉跄跄地唱完他 33 首（！）单曲中的任何一首英国最强 40 首猫王风格的单曲，我们依然很高兴：虽然他看起来、走起来都像卡车司机埃尔维斯，但我们知道，他自己也知道，他是在模仿猫王，是出于对猫王的"敬意"，而非恶意。

暂且不论这些忠实粉丝的开心模仿，从另一个层面来说，好像没有人愿意提及这一模仿的主角——猫王本人——或许不像人们认为的那样独树一帜。

> **"猫王本人或许不像人们认为的那样独树一帜。"**

埃尔维斯同名之人

我们先从他的名字说起——埃尔维斯这个名字并不是猫王一人所用，它不是"月亮单元"（moonunit）之类的新词（弗兰克·扎帕给他儿子起的引人注目的名字）。

埃尔维斯这个名字的确历史悠久，用过的人声名显赫：6 世纪凯尔特主教圣埃尔维斯（Saint Ailbe）（又拼作 Ailbhe、Elfeis、Ailfyw、Ailvyw、Elveis、Albeus），人们认为他为威尔士的守护神圣大卫施过洗礼。圣埃尔维斯教堂如今已成为一片废墟，它没有建在田纳西州的孟斐斯市，也没有建在拉斯维加斯一带，而是建在了一个寒冷潮湿的山坡上的农场里。这个农场位于这座与威尔士守护神有渊源的城市的东方 4 英里，它远眺爱尔兰，那是伟大的埃尔维斯生活过的地方。他母亲名叫格拉迪斯（Gladys），其名字无疑是威尔士语；他的姓氏似乎来自当地：北彭布罗克郡普莱斯利山（North Pembrokeshire Preseli Hills）蔓延 13 英里，跨越迪纳斯岛（Dinas Island），延伸至 Crymych，横穿今天称之为彭布鲁克郡海岸国家公园（Pembrokeshire Coast National Park）的地方。一般情况下，名字的主人意识不到姓氏的地理起源——毕竟只是一个名字，尽管已世代相传很多年。

> **"埃尔维斯过去是、现在也依然是一位翻唱艺术家。"**

埃尔维斯的音乐也不全是原创的，而是结合了布鲁斯音乐和宗教音乐，再加上他在孟菲斯市比尔街上听到的音乐。他的第一份工作（卡车司机）也是在比尔街上。除原创外，这些歌曲都是翻唱冠军曲目，包括猫王早期在太阳唱片公司伴奏（Sun Sessions）里演唱的歌曲，如阿瑟·克鲁杜皮茨（Arthur "Big Boy" Crudup）创作的《好极了，妈妈》（*That's All Right*, *Mama*），以及《肯塔基的蓝月亮》（*Blue Moon of Kentucky*），这首歌曲是比尔·蒙罗（Bill Monroe）及其"蓝草男孩"（Bluegrass Boys）乐队创作的，在 1947 年红极一时。

后来，他的管理团队试图确保猫王录制歌曲的联合创作版权，埃尔维斯过去是、现在也依然是一位翻唱艺术家——他不是电影导演、唱作人或创作人，没有倾情演唱他自己创作的歌曲，而是演唱他人的歌曲。任何业余音乐家都会告诉你，"创作人"和"翻唱人"的层次是不同的。

我们认为"真正的"音乐家自己创作音乐、自己作曲、自己填词；相比之下，我们视"翻唱"艺术家为音乐寄生虫——其才华不足以撑起自己创作。值得注意的是，这种想法已时过境迁（从音乐界的历史来看，一首歌曲大获成功与演绎者的努力以及歌曲作家的付出和技巧都息息相关），而且和文化背景也有关（20世纪后半部分是"电影导演"演员和创作歌手蓬勃发展的时代）。

当然，翻唱艺术家也有差别——当地婚礼乐队无法和埃尔维斯相提并论，是吧？甚至我的乐队——"Mighty Big Shorts"也是翻唱乐队。当一个体面的乐师兼职做音响师遭遇蔑视时，想一想猫王经常翻唱其他人的歌曲时收获的效果要比作曲家自己演唱的都好，这样我们心情就会舒畅多了（即使是一样的，严格说来，也不能说是我们自己的演出）。

"甚至埃尔维斯的名曲《猎狗》也是模仿当地的一个乐队。"

然而，甚至猫王标志性的翻唱他人曲调的歌曲通常也不是他自己的，而是他模仿他人翻唱的版本。他翻唱的《猎狗》被许多人看作一个重大突破，然而那并不是原创——莱伯（Leiber）和斯托勒（Stroller）原创的歌曲《胖妈妈桑顿》（Big Mama Thornton）在蓝调歌手威利·梅（Willie Mae）的演唱下已红极一时。桑顿的版本轰动一时，造就了为数不多的乡村风格的翻唱版本，造成奇怪的反响和恶搞记录（包括太阳唱片公司的山姆·菲利普斯（Sam Philips）重写歌词的《小熊猫》（Bearcat）。

埃尔维斯于1956年6月5日在美国国家广播公司（NBC-TV）的米尔顿·伯雷秀（Milton Berle Show）上的表演令人震惊且露骨，这使他迅速在全国蹿红。虽然该曲调的前面90秒快速而有节奏，最后一分钟却令全国父母气愤异常：

"埃尔维斯放慢节奏，把麦克风弯下去，表演了一系列撞胯的动作……太露骨了。"

但这些也是模仿当地的一个乐队 Freddie Bell 和 Bellboys，埃尔维斯和他的乐队在拉斯维加斯看过他们的表演。"我们听说他们那天晚上表演，我们认为这首歌将增加我们在舞台上的喜剧气氛。我们太爱他们表演的方式了"，吉他手斯科蒂·穆尔（Scotty Moore）说到。明白了吗？他们是在模仿。

你可能会说埃尔维斯 1954 年 7 月在太阳唱片公司原创伴奏里演唱的独特的嗓音是机遇使然，而不是深思熟虑的"创作"：当埃尔维斯、斯科蒂·穆尔（Scotty Moore）和比尔·布莱克（Bill Black）在合作《好极了，妈妈》时，他们以两倍的速度演奏，制作人山姆·菲利普斯（Sam Philips）让他们停下，并问到，"你们在做什么？""我们不知道啊"，他们说。菲利普斯发现了一直苦苦寻求的嗓音。"倒回去，再唱一遍"，他在控制室指挥到。模仿，模仿，再模仿。

抖腿

甚至埃尔维斯独具特色的舞台服装也不是原创的。它是其他人为他选的成品。比尔街上的裁缝伯纳德·兰斯基（Bernard Lansky）服务于整个密西西比河三角洲地区的音乐家、投机商人和骗子，为他们奉上花哨、"耀眼的"服装。青少年时代的埃尔维斯在比尔街度过了很长时间，接受当地音乐和风格的熏陶，逛兰斯基的商店。兰斯基喜欢描述他和埃尔维斯第一次见面的情景：埃尔维斯说，"等我有钱的时候，我一定把你收购了。"我说，"不用收购我。只要从我这里买衣服就可以了。"他从未忘记我。

兰斯基对孟菲斯那个时代市井风格的解读影响了埃尔维斯整个职业生涯对服装的品味——从陀螺型裤和太阳录音室（Sun Studios）的双色鞋到后来流行的连身衣，包括埃尔维斯被葬时穿的白西服和蓝领结。"他第一次穿西服是我为他穿的，最后一次也是我为他穿的"，兰斯基说。

然而，我们绝大多数人都认为埃尔维斯依然是世界上独一无二的猫王。

他的表情、他的演唱、他的表演、他悲伤孤独的离世都是独特的、不可复制的（埃尔维斯的模仿者不这样认为）。埃尔维斯的万丈荣光既独特新颖又是多方模仿的结晶。

"埃尔维斯的万丈荣光既独特新颖又是多方模仿的结晶。"

原创和模仿：两者水火不容。正如超人和氪星石（Kryptonite），或水和油，或者你想到的其他类比。

模仿是欺骗

我们文化最推崇的当属创新和创意；最轻视的莫过于模仿。

一方面，我们热爱新事物、新想法、新解决方案、新消息以及原创和真实的事物。让我们拿出新想法吧，而不是重温旧主意。政要们需要新答案而不是再次利用旧方法（除非他们有特别的怀旧倾向或没有自己的想法）。这正是"智囊团"充斥发达国家政治的原因，他们发明新主意；说客和特别顾问是为了向政要们提供他们没有时间思考的想法（只要表面看起来它们不像是模仿任何人的想法就行）。

我们热爱英雄般的原创和发明了新想法的独特的个人：埃尔维斯和牛顿、毕加索和普曼、布雷斯福德及其英雄般的自行车手追随者们。

相比之下，模仿看起来怎么都不顺眼。现代商界的许多人认为，模仿就是剽窃，平淡无意。苹果 iPod、iPhone 和 iPad 的设计师乔纳森 · 艾夫斯（Jonathan Ives）如此抱怨他的模仿者："被模仿的不仅是一个设计，而是它成千上万个小时的付出、多年的投资、长久的煎熬。"

大企业的律师热衷于保护其客户的知识产权，阻止其他企业盗取他们的创意，并拉低成本。伦敦奥运组委会（London Olympics Organizing Committee）甚至试图保护"2012""奥运会"和"伦敦"等字眼的版权。这样做具有经济意义——设想一下巴黎市如果这样做了，那么截止到目前，他们本可以在"1924年巴黎奥运会"的版权上赚取多少——即使这使伦敦奥运组委会（LOCOG）看起来有些傻，有些唯利是图。

部分原因是人们认为模仿即欺骗：以此充彼。据他人之物为己用。

模仿中欺骗的气味更浓：除经济层面的意义，人们对模仿还有更负面的看法。如果你发现某些东西是从他处模仿而来的，那么那件东西的内在价值似乎立刻就缩水了。

"发现某些东西是模仿而产生的，其价值也就随之降低了。"

因此，当你读过马特 · 贝特曼（Matt Bateman）批评詹姆斯 · 卡梅隆（James Cameron）的电影《阿凡达》的剧情时，你很难不看轻这部电影。这部电影与大获全胜的迪斯尼电影《风中奇缘》（Pocahontas）的剧情是如此相似，很难说这不是抄袭。

或许这有失公平——毕竟，贝特曼介绍两部电影剧情简介的方式是为了突出其相似性。他或许还提到了电影《与狼共舞》甚至黑泽明的《七武士》——两部电影讲的都是一名异乡人来与本地人交朋友，最终赢得他们的信任，与其共进退，抵制其本族人的剥削。新西兰动画片《芬格林》（Fern Gully）从视觉上来看甚至与《阿凡达》更相似：它讲述的是在一片浓密的、不适合居住的森林里，主人公与一群蓝皮肤的精灵们成为朋友的故事。

"模仿好故事没有什么可耻的。"

对人类学家来说，模仿优秀的故事并不可耻：约瑟夫 · 坎贝尔（Joseph Campbell）有一个著名的观点，即 20 世纪 70 年代和 80 年代的《星球大战》系列源于古典神话——英国杜伦大学的人类学家杰米 · 德黑兰（Jamie Tehrani）最近指出，其情节主题是继《小红帽》之后颇受人民喜爱的，而后者则有几千年的历史了。细节上可能有差异，然而本质是相同的。例如，爱尔兰版本的《白雪公主》被称为 *Lasair Gheug*。在这个版本的故事里，是一条鳟鱼——而不是一面镜子——不停地告诉邪恶的继母王后，她不是爱尔兰最漂亮的女人。基本上是同一个故事。

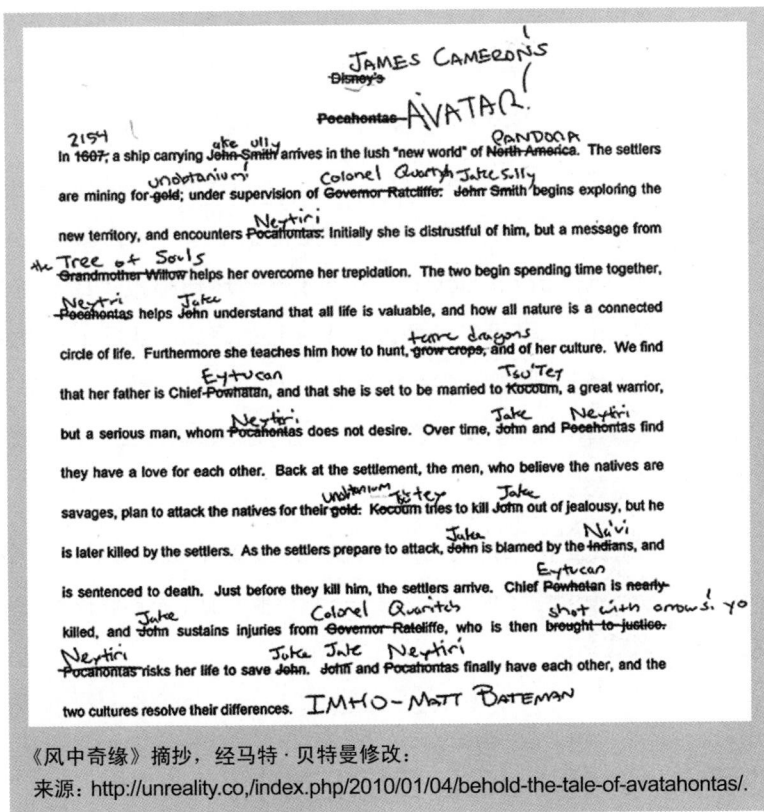

《风中奇缘》摘抄，经马特·贝特曼修改：
来源：http://unreality.co,/index.php/2010/01/04/behold-the-tale-of-avatahontas/.

但对我来说，即使了解了这些故事原型，依然无法抹去心头看低模仿的想法，确实如此。当你了解到一件特别的东西不像你原来认为的那样独特和特殊，这太令人失望了。

"我们一点也不喜欢模仿者。"

谈到模仿的人，那种对模仿迷茫的感觉才开始逐渐清晰。我们一点也不喜欢模仿者。

从小到大，我在上学时向来不允许同学抄袭我的作业，我用胳膊和肘部挡住不让他们看（同时眼睛盯着他们的答案）。

今天的技术使学生们抄袭他人的作业更为容易。事实上，许多教育学家低估了群体学习方法和同伴学习方法的重要性，它可以激励任何群体学生的学习积极性。与此同时，专业学者和学校老师不得不利用文本检查软件来检查学生提交的作业中的剽窃行为（或者准确来讲，"剪切 / 粘贴"式写作）。

数字媒体推崇的类似的工具和"群众智慧"使记者和作家比过去更难以逃脱模仿他人作品的惩罚，虽然一些人高贵地坚持了下来——在新闻业中，《纽约时报》的陶曼玲（Maureen Dowd）与《多伦多环球邮报》的玛格丽特·温特（Margaret Wente）是近年来两大引人注目的案例。实际上，乔纳·莱勒（Jonah Lehrer）承认他编造了采访语录，以使文章更美妙（适当的伪装），他被谴责在各种文章中不只自我抄袭了一次，而是 13 次以上[15]，我被这种谴责逗乐了。

> "我们发现他表里不一的例子越多，就越表明莱勒不重视原创性——我们也就越想帮助他。如果他剽窃了他人的话语——抄袭他人而不是自我抄袭——我们都会就此罢休。"

真正的乔·拜登（JOE BIDEN）

1987 年，时任参议员（现为副总统）的乔·拜登首次被提名为民主党总统候选人时，当时媒体开始传言拜登是一个"剽窃者"：他高姿态且深受欢迎的演讲与当年时任英国工党领导人尼尔·金诺克（Neil Kinnock）关于机遇和社会流动性的演讲非常相似，结果导致拜登的竞选以失败告终。下面是这两份演讲的相关部分：

'Why am I the first Kinnock in a thousand generations to be able to get to university? Was it because our predecessors were thick? Does anybody really think that they didn't get what we had because they didn't have the talent or the strength or the endurance or the commitment? Of course not. It was because there was no platform upon which they could stand.'

'Why is it that Joe Biden is the first in his family ever to go to a university? [Then pointing to his wife in the audience] Why is it that my wife who is sitting out there in the audience is the first in her family to ever go to college? Is it because our fathers and mothers were not bright? Is it because I'm the first Biden in a thousand generations to get a college and a graduate degree that I was smarter than the rest?'[17]

虽然拜登经常在别处引用金诺克的演讲作为其素材，然而他至少在两场公共演讲时没有说明是引用——一次是 8 月 21 日在爱荷华州博览会（Iowa State Fair）上民主党辩论会的演讲，另外一次是 8 月 26 日在全国教育协会上的演讲。这让有些人认为他试图把他人的想法当作他自己的——发现他之前大段大段引用过罗比特·肯尼迪和休伯特·汉弗莱（Hubert Humphrey）的演讲，却没有明确指出，于是外界对他剽窃的印象就更深了。

我，我，我

我认为，我们耿耿于怀的部分原因是因为感觉他们欺骗了我们——有意识地或者无意识地——但是我认为还有其他原因。

我们的文化向来推崇个人主义：我们喜欢褒奖个人胜过集体，我们不相信没有强烈的真实自我存在感的人，不相信"没有想法的人""不会自我实现的人""不会发出自己声音的人"或者在书店昏暗的自助通道里充斥的说法。

我们不喜欢循规蹈矩者和缺少真实核心（无论好坏）的抄袭者。

- 如伍迪·艾伦（Woody Allen）的电影《变色龙》（Zelig）中善变的人物，他们实际上模仿和他们呆在一起的人物的身体和行为特征，包括纳粹领导人在内。

- 过于严格遵守中学规章制度的人（青少年叛逆，耶！）或者城郊俱乐部

（或工会等）的人。

- 过于频繁紧跟政党路线的人——政界或大而化之到整个世界。

- 意志薄弱或缺少信心的人——所有这些人，我们都看不起……

我们的文化强烈命令个体实现自我。他们没有实现自我在某种程度上来说就是失败了。奥斯卡·王尔德也持这样的观点，他表示：

"大多数人都在重复他人的人生轨迹：他们的思想是别人的观点，他们的生活是在模仿别人，他们慷慨陈词时引用的是别人的话语。"

个体认同和自我决定是我们当代文化的核心原则。车尾贴上呐喊着"做你自己，因为别人都有人做了"。

"我们"的小说是可怕的

我们的小说揭示了个人主义的深度，以及我们对缺少自我核心的人的厌恶。这正是我们崇拜英雄和恶棍的根本原因所在——从某种意义上来说，我们宁愿希望人们本质上非善即恶——这样生活就简单多了。这也是为何我们的创新故事都是赞扬不同寻常的、有创造力的个人，如埃尔维斯和牛顿，而不是参与发明新事物的广大团队。

我们发现电影《叠影狂花》里人如影名时感到震惊——她模仿她室友的发型、穿着和爱好，假扮成她室友，抢了她的男朋友，最后策划了谋杀。其他小说，如《复制娇妻》（The Stepford Wives）、《网络人》（Cybermen）、《午夜杜鹃》（Midwitch Cuckoos），以及现在我们身边像瘟疫一样弥漫的僵尸故事，清楚表明对缺少真正的个人主义的恐惧有多深。当吉恩·罗登伯里（Gene Roddenberry）的团队为"企业号战舰"上的所有美国人寻求一个新的不共戴天的敌人时，他们特地选择柏格（Borg）作为完全对立面——一个没有自我和原创性的、具有蜂巢思维的人。对美国主流大众来说，还有什么比这更可怕呢？

WEIRD

这种个人主义的世界观视人类为这样一个物种："个人主义……拥有生命的微小生物……个人权力、成功和名誉被看作是价值的绝对衡量，是人们为之努力拼搏的东西"。然而当你超越盎格鲁撒克逊文化、尤其是美国文化的限制时，你会发现这种价值观既未得到普遍认可——虽然在你我看来这是显而易见的事实——也并非事实。

然而，乔·海因里（Joe Henrich）和亚拉·诺伦兹恩（Ara Norenzyan）创造的"西方的、受过教育的、工业化的、富裕的和民主的"社会的首字母缩略词为"WEIRD"。越来越多的社会学家发现 WEIRD 社会（是的，这里指我们）是我们人类的异常现象，不论在何时何种文化下都是。事实上，似乎在很多情况下，科学研究误导我们将此描述为"普遍的"人类特征，因为我们已对 WEIRD 对象——如美国大学生——开展了广泛的心理实验和经济博弈。

> "我们已对 WEIRD 对象——如美国大学生——
> 开展了广泛的心理实验和经济博弈。"

许多跨文化研究，如理查德·尼斯贝的《思维的版图》表明，盎格鲁撒克逊文化中激进的个人主义并不为其他文化普遍接受。非洲南部的人性思想（Ubuntu）（共存思想）认为，人类是最基本的社会生物，而不是"一群矛盾不断、无法互相帮助的个体"。正如图图大主教（Archbishop Desmond Tutu）的名言：

> "我的人性与你的人性捆绑在一起了。拥有人性思想的人表现得泰然自若，因为他们知道自己属于一个大群体中，其他人受到侮辱或不存在时他们自己也不会存在。"

讲斯瓦希里语的东非秉承仁爱（Kiva）思想，与非洲南部的人性思想相差无几。"我们共存"而非"我独行"。

拉美文化也更推崇"集体主义"而非"个人主义"。在意大利或西班牙一个小镇上度过一晚就会了解同伴和家庭在拉美生活中处于核心地位。几乎无法想象意大利年轻人会独自外出或小群体外出；几乎每个人都会参与到在当地广场举行的"街头蓝调"盛大演出中，尤其是在节假日。在意大利，做生意是靠一起吃晚饭来增加对彼此和彼此家庭的了解而取得成功的（这使盎格鲁撒克逊文化在美食面前不堪一击）。在竞争一个项目时，你认识哪些人、你和他们是否相处融洽，这些因素至关重要，因为这被看作是与"集体主义"文化相配的标志。

法国教授伯纳德·科法（Bernard Cova）及其合作者坚持不懈地寻找他们所谓的"拉美派社交"，它与盎格鲁撒克逊文化形成鲜明对比，我们绝大多数人藉此在市场营销和行为科学中畅游（无论是成长于"个人主义"文化还是"集体主义"文化，我们在学习其他学科及其实践时都了解了"自我"）。

科法也强调了其他文化中对"集体主义"的强烈偏见——更多的是北欧文化。例如，我们中剩下的人可能会根据瑞典的社会民主政治来描述其世界观（偏向"集体主义"而非"个人主义"），该文化本身"集体主义"渊源颇深，其为时甚久的社会规范弘扬中庸，它领先于现代政治结构和社会思潮。例如，单词"lagom"通常被翻译为"适量的"或"适当的"，它是开启瑞典文化核心思想的密钥。至少对瑞典人来说是这样。对芬兰人来说，"sopiva"一词也有相同的意思。

比较文化研究常常把澳大利亚人描述为游离于英国盎格鲁撒克逊和与之更相像的北美族人之间的个人主义者，甚至对他们来讲，"集体主义"更胜于"个人主义"。在澳大利亚，任何标榜为"佼佼者"的人——认为自己在某方面强于同辈的人——都应该被排除在外。相比之下，在人群中颇受欢迎的谦谦君子正是澳大利亚人所追求的。

这里有两层意义：首先，个人主义者"自我"的世界观远非普世价值——事实上，绝大多数文化并没有认可它。其次，这些文化预设（或许是准则？）很难在周围看到。它们往往植根于一个地方、一个集体或一个学科中（例如心理学），浑然天成。这里也可以蕴藏价值观和重要现象，如令某些世界观唾弃的模仿现象。如果这个世界是由个体、他们各自的努力付出及其特殊的才能和个性组成的，那么模仿——利用他人智慧——有何益处呢？

模仿有益于你（和我）

事实证明，模仿（或"社会学习"，行为科学一直这样称之）是我们人类的伟大才能之一，也是我们取得成功的最大原因之一。

模仿开始的很早：安德鲁·迈尔左夫（Andrew Meltzoff）具有里程碑意义的研究显示，人类出生 42 分钟后就开始模仿了。迈尔左夫的实验很简单：

- 选一个婴儿，抱着他，看着他的眼睛。
- 对着婴儿做一个清晰的面部表情——比如，伸出你的舌头或张开嘴。
- 观察婴儿的反应，记录下来。

重复多次——对来自不同文化的人类婴儿以及我们灵长类近亲的后代均如此——这一十分简单的方法带来了有力的研究结果：

- 我们从早期就开始模仿。
- 我们模仿得更好。
- 当最初的激情褪去，在毫无奖励的情况下，我们依然坚持模仿。

如果你自己有孩子，你就会了解模仿在人类婴幼儿时期的学习风格中的伟大作用（他们重复我们在家使用的、不希望任何人或祖父母或老师知道的多彩的语言）。

他们首先模仿我们，接着是模仿他们的同伴，然后是媒体，再然后是……

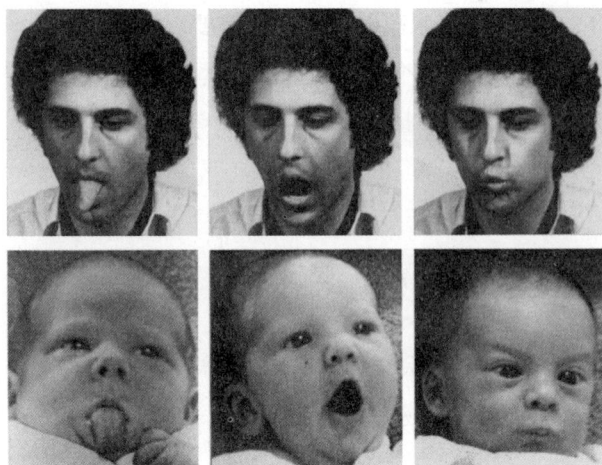

来源:《人类新生儿模仿面部表情和手势》,安德鲁·N·迈尔左夫和M·基思·摩尔(M.Keith Moore)合著,《科学》杂志,1977年10月7日,美国科学发展协会(AAAS)。经AAAS许可再版。

盗言窃行

遗憾的是,模仿并没有在青春期停止。(如果停止该多好啊!)我们成年人也广泛模仿。这不仅表现在我们为我们的孩子选择的名字上:我已故的母亲当初一直坚持给我取名"马克"(Mark),因为她在怀孕时打了成千上万遍"Deutschmark"和"trademark"这两个单词(她当时做翻译工作);然而,事实上我是英国人后裔,我们的父母都喜欢简练的名字,像"马克"。

"我们模仿周围人做出选择,模仿他们的行为。"

当面临难以抉择的情况时,我们每个人都会将认知负荷转移给周围人。无论是在餐馆和酒吧(就像电影《当哈利碰上莎莉》中的情景一样),还是在投票处、我们所听的音乐、我们选择居住的地方、我们在杂货店选购的商品,我们通常想的是"她选的什么,我也要选这个",而不是自己思考。实际上,英国政府的行为研究小组(又称"助推"小组)所做的中期评审表明,对个体行为产生最大影响的是（基于之前的行为）他人的言行。

对于个体决策人，模仿仍然是应对许多情况、许多行为和选择的一个非常不错的策略。

神经上有效

此外，"盗言窃行"也相当有效。这种涉及个体在权衡各种选择的利弊、考虑各种可能性的思维表达了一种神经上的渴望：它是缓慢的、繁重的，因为它会消耗许多处理能力。因此，我们常常默认启发法——比如"我上次做了什么"（模仿过去的自己）或者"其他人在做什么"（模仿他人现在的行为）。

诺贝尔奖获得者丹尼尔·卡内曼（Daniel Kahneman）将此思维方式描述为"系统2思维"——命题的、逻辑的、基于事实的思维。相比之下，"系统1思维"更快捷，因为它喜欢走捷径，如"我之前做了什么""其他人现在在做什么"等（事实上，两种方法的处理速度的比率为1:220）。他说，人类之系统2思维就像猫之游泳——如果我们真的不得不这么做，我们可以做到。然而，就像我们的猫科朋友，如果可以避免，我们尽量避免。

"模仿令人难以置信地有用——它快捷、简单、有效。"

那么，"模仿"在人类行为中如此普遍就不足为奇了，似乎从人类伊始就存在这种行为。认知科学家亚历克斯·马苏德（Alex Mesoudi）与人类学家兼考古学家迈克尔·奥布莱恩（Michael O'Brien）做了一个独创性的实验：让参与者玩用矛猎取野牛的电脑游戏。参与者可以改变石尖形状——长的、宽的、有棱角的等——然后看他们的矛形在猎取真实野牛时表现如何（根据考古知识）。每场游戏后，这些"狩猎人"可以看到他们的得分，以及用不同矛形的其他人的得分。每个狩猎人都可以创造新形状，也可以模仿他们看到的得分较高的其他人所用的形状。在所有场游戏中，社交型学习者的得分都高于拒绝模仿他人成功的人的得分。

其他社会学家所进行的研究结果大致相同：例如，圣安德鲁斯大学的凯文·拉兰德（Kevin Laland）及其团队发起了一个软件比赛。在比赛中，他们可以模拟大量个体（由简单的代码代表）与每个迭代次数交互的影响。拉兰德及其同事期望获胜者拥有高级的"社交学习策略"，知道该模仿谁、何时模仿。只是随机模仿不被视为获胜，"因为信息可能是错误的，也会过时"。令获胜者本人和监督该比赛的专家团队惊奇的是，获胜者是两名加拿大研究生丹·考登（Dan Cownden）（神经学研究生）和蒂姆·利利克拉普（Tim Lillicrap）（数学研究生），他们两人都不是社交型学习专家。他们将其成功入围归功于"计算现值的电脑"——它的基本指令为经常模仿，并偏爱模仿近期的成功策略——"计算现值"的旧信息。它不是随机模仿，而是紧密模仿——模仿任何近期的成功。

那么，模仿对于个体即刻做出决策是非常有用的——它快捷、简单且有效。并且它对于个体、更大的人群乃至整个人类都有更重要的优势。

集体主义思维

一个社会物种的任何群体都比模仿行为不太发达的群体有更多优势，像我们人类，可以学习（模仿）我们周围的人。它使个体可以将所有认知行为外包给周围的个体。从食物来自哪里，到吃什么有益、谁重要、谁不重要、是否有危险、如何把那些美味的蚂蚁从原木里弄出来（诸如此类）。

这样想想：在家庭聚会上，大家共同回忆往事肯定比每个人单独回忆效果要好。模仿是接触他人思维的最重要的方法。或者在一群足球观众中，你即使闭上眼睛，也能从周围人的尖叫和行为中分辨出进没进球。

"模仿是接触他人思维的最重要的方法。"

致电友人

然而，模仿甚至能带来更奇妙的效果——它为我们提供了一种认识和实际技能，甚至使自主思考在日常生活中不那么必要。我们称之为"文化"。

例如，你（与在欧洲文化熏陶下成长的大部分人）在每个盘子里摆放食物的方式：三种食物占据大致相同的空间——蛋白质、碳水化合物和"蔬菜"。这完全不是一种显而易见的安排——事实上，其他许多文化给食物分类的方式大相径庭。意大利餐通常把碳水化合物作为一个单独的菜；印度"塔里餐"是共享的菜肴，放在食物之间，而不是放在一个菜前面。现在的状态也不是一成不变的：我们北欧人过去的摆放方式就完全不同。例如，18 世纪之前，刀具都未进行充分开发——千百年来，刀一直发挥着相同的作用。与之相比，16 世纪 40 年代，叉才跟随凯瑟琳·德·美第奇（Catherine de Medici）由意大利进入法国。直至 18 世纪，它才在这片大陆和英国成为司空见惯的东西。

烹饪口味的偏好和样式也在历史长河中不断改变。两代人之前，很难想象英国最受欢迎的菜是印度咖喱（咖喱鸡块），过去十年发展最快的食物样式竟然是生鱼片（寿司）。这些行为都是我们向其他人学习的，他们又是向另外的其他人学习的，而这些人现在早已逝去了：模仿不是仅仅把一个个体和另外一个个体联系起来，而是把一个空间和另外的空间联系起来——重要的是——在时间的长河中绵延不绝。

模仿让我们构建了这种紧密连接的网，助我们在其中储存知识、信息和技能——这就是"文化"的真谛。致电好友，如果你愿意（即使与他们久未联系）。软件社区能成功做到这一点——他人可用的个人编码器的产品可助力更快速开发更强劲的、可互操作的代码。为什么要自己动手呢？

iSPREAD

模仿对于信息、想法和希望在群体间的传播是如此重要。在现代世界中，这样的例子比比皆是：技术使按下一个按钮即可实现模仿成为现实。同时，技术为我们提供了跟踪和了解模仿的手段。

以一个简单的新闻事件为例：俄亥俄州门罗县 75 号洲际公路上矗立着一座坚石教堂（Solid Rock Church）。长久以来，当地人一直将其奉为"达阵耶稣的教堂"，因为它是一座高达 62 英尺、重达 16 000 英镑（路过 75 号洲际公路的任何人都不可能看不到）的泡沫塑料和玻璃纤维耶稣雕像，其姿势好像是在美国橄榄球"超级碗"决赛中射进了伟大的进球。

然而，2010 年 6 月 14 日星期一，这座雕像被雷击中了。人们——和我一样爱八卦的非基督徒——喜爱这样的故事。新兴的社交平台推特（Twitter）立刻捕捉到了这个消息，迅速传播开来（如图所示）。首先，我们看到提到这条消息的量快速呈现了一个高峰，然后开始下降，接着又呈现较平稳和一致的增长。

"万王之王"（耶稣基督）之雕像，由乔·沙拉波什克（Joe Shlabotnik）拍摄，在"知识共享"（Creative Commons）许可协议的授权下创作，https://creativecommons.org/licenses/by/2.0/。

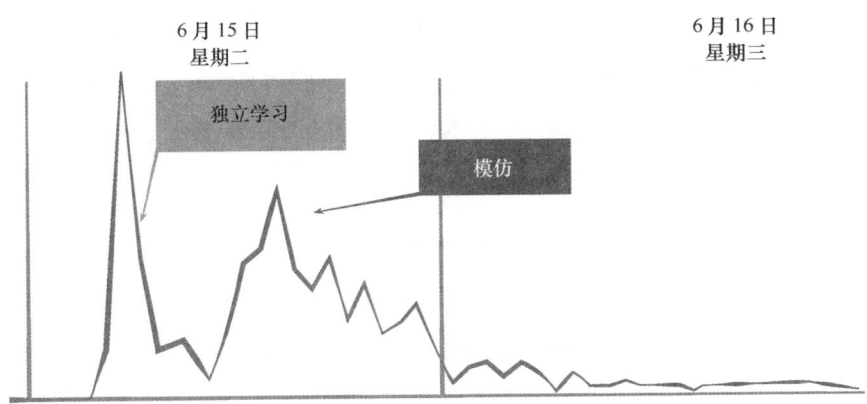

如何解释这种现象？传统的传播学对于了解推特数据提供了很大帮助（请看下面传统传播曲线图）。左边长而尖且不对称的曲线表示人们都在独立传播（当地新闻媒体就"达阵耶稣"回应外部刺激）。右边较圆润的曲线（根据营销的基础知识，这是经典的采用曲线）表示大家都在回应其他人——复制——而不是回应该消息本身。虽然左边"独立的"曲线似乎达到了较高的高度（更多人），但我们应该比较的是曲线下面的区域——右边曲线参与的人比左边曲线多10倍有余。

传统传播曲线

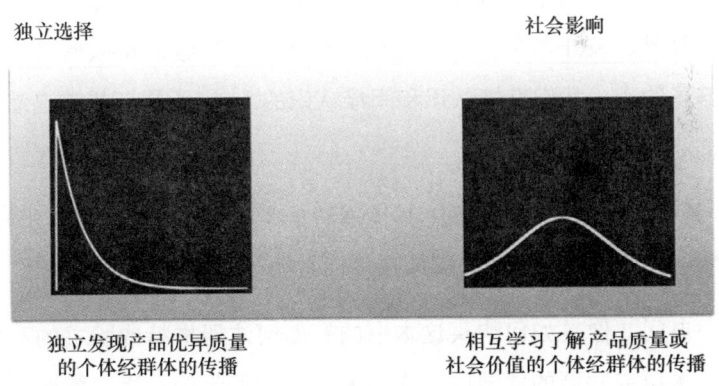

针对各媒体内容的一项研究也得出了相似的模式——《经济学人》杂志中

的文章是如何受到大家欢迎的，简单的博客发布或政客们乐于与我们分享的那些发在推特或脸书上的尴尬失言是如何使电影和视频游戏的发布取得成功的。简言之，如果某些事情无人模仿——没有社会传播曲线——那么事情就不会得到传播。

我们在主导网络社交世界的时尚和"模因"中也发现了同样的模式：传播有趣的东西（婴儿或猫的视频）和传播严肃的东西（"＃我是查理"与"＃是的，我可以"）。当然，现实世界中也是这样（古往今来，莫不如是）。如果没有模仿，有些名字为何家喻户晓，有些名字为何默默无闻？网球专业运动员为何在每次得分前后都有一个挥拳动作的习惯？而其他在当地公园网球场打网球的人呢？

然而，模仿不仅仅是传播新事物；它也可以在很长时间内保持事物原样，令人震惊。例如，新石器时代的长屋就是千百年来刻意模仿的产物，只有极其偶然的意外（或者新石器时代的建筑师称之为"创新"）才会产生差异。有时，这是由于功能特性（基础设计非常有效），但更多时候是由于"我们周围的人都在做什么"——毋庸置疑的文化实践。

此外，新颖想法通常要很长时间才能被广泛接受——因为它往往要代替其他的实践。如果你能找到圆屋到长屋过渡的证据，那你真是太幸运了。这个过程进展得非常缓慢，历经数十代才实现，而且欧洲不同区域进展的速度也不相同。不久之后，当你尝试传播本书中的新行为时，这一点将变得非常重要：模仿也有助于保持现状、安于故俗。即便如此，现代世界让我们可以通过如此多的方式了解足够多的人（我们直接认识和间接认识的人），于是新想法自然而然就产生了。

因此，甚至一些新事物产生时，其传播通常也主要是依赖这样或那样的模仿。事实上，传播失败的原因是因为群体在传播其他行为。

请扪心自问：你是如何购买这本书的？如何注册推特或脸书的？如何模仿工作场所的术语或同伴的俚语的？你的名字是如何起的？埃尔维斯的名字源于何处，我的名字又是有什么样的渊源？

结论

- 模仿乃人类与生俱来的主要特点。

- 模仿有助于我们快速、轻松、理智地做出决策。而且绝大多数情况下都是好的决策。

- 模仿有助于我们借用他人的智慧和身体遨游在更广阔的世界——无论是近在咫尺的人还是远隔天涯的人；无论是古今中外的人还是天南海北的人。

- 模仿有助于我们学习新想法并将其传播给我们的邻居、邻居的邻居等。

- 模仿是如此令人惊奇又颇具人文情怀的技能。

是的，我们的盎格鲁撒克逊文化对模仿的价值视而不见。

- 我们指责它。

- 我们讨厌它。

- 我们隐藏它、否认它。

然而，我们真的没必要这么做——从古至今，绝大多数人都泰然自若地运用模仿，如果模仿得好（或者差，如我们所见）。埃尔维斯如是，他的裁缝如是，埃尔维斯的团队如是，我亦如是。

想学习如何利用模仿来创造新东西吗？想发现更多实用的工具和方法吗？想揭示更多"方法"而非"原因"吗？让我们下一章再相见。

"没有什么是原创的。从任何地方借取可引起你共鸣或激发你想象的东西。仔细观察老电影、新电影、音乐、书籍、画作、照片、诗歌、梦想、闲聊、建筑、桥梁、街头标志、树木、白云、储水池、光线和阴影……真实是无价的;原创是不存在的。"

——吉姆 · 贾木许(Jim Jarmusch)

本章主要涵盖以下内容。

本章比第一章更具实践意义:它将帮助你理解如何借助模仿创造全新、新颖及更有效的策略和创意。

我们将说明误差和变化是有益且有用的。

我们将探讨向谁模仿,以及从哪里创造变化和价值。

我们将推荐游戏、技巧和示例,以此将理论运用到实践中。

以及为何要归类?问题归类往往比更具体的问题有用。

然而首先,由专辑 "more songs about buildings and food",我们来看一看建筑界的模仿。

HOW

2

如何有效模仿

有效模仿、拙劣模仿、刻板模仿、灵活模仿、唾手可得或相隔千里的模仿

竣工之争

伊拉克裔英国女建筑师扎哈·哈迪德（Zaha Hadid）无疑是现代世界最知名的文化摇滚巨星。她设计的建筑物优雅、引人注目，呈现着富有个性的简单的随性外表，使其屡获大奖，并同样受到媒体称赞。

贴上"哈迪德"的标签将是最大的卖点，无论你开发的小区是商用的、民用的还是商住两用的。因此，当伦敦的"蛇形画廊"（Serpentine Gallery）寻求扩建俯瞰着海德公园心脏地带九曲湖（Serpentine Lake）的19世纪的新古典主义的"杂志大楼"时，哈迪德的设计成为这座"吸睛"建筑的自然选择。该设计以光滑的延伸材料打造出引领风尚的幕帘，像是在拥抱和吞没这个四四方方的主体建筑。

在容纳东伦敦2012年奥运村居住的人口的所有建筑物中，哈迪德设计的游泳馆外表呈现波浪形，与内部交相呼应，浑然天成。如此鲜明的特点，令人记忆深刻，其他建筑物都不能与之媲美。

然而，最近，哈迪德发现自己陷入了一场超现实的竞争中，她要赶在她设计的建筑物的模仿品完成之前建成她的建筑，而这就发生在同一个国家。

模仿原创

与她同时代的许多明星建筑师一样，中国出现的最大的房地产繁荣时期，其规模之大，创新之名，深深吸引着哈迪德踏上这片疆土。她在中国的地位极为显著，其他国家不能与之相较：她在中国有十几个项目正热火朝天地实施着，包括美得无与伦比的广州歌剧院（2010 年竣工）。

她为房地产开发商亿万富豪张欣在北京心脏地带打造了令人瞩目的银河 SOHO——五座大楼以流线动力构筑，有机地组合在一起，绵延不断，如梦如幻——与此同时，重庆市一座模仿 SOHO 的建筑物拔地而起，"甚至在我们开始建造扎哈的项目时，它就开始施工了"。

虽然这两座建筑物在规模和外形上也存在差异，然而很明显，这是来自一个蓝图的两个版本——如出一辙。很显然其中一个是仿品——是对原创的不"尊敬"。为什么有人敢公然仿造呢，尤其是对这样一位著名建筑师的作品？

"你为何要仿造一个建筑物？"

模仿你崇拜的建筑物的风格并不是什么新鲜事。古往今来，建筑师向来如此（第四章将详细讲述是如何模仿的）。从在古希腊罗马中寻求灵感（又被称为素材）的古典派——为什么英格兰银行看起来和罗马宫殿如此相像，到追求异域情调的建筑师——18 世纪为摄政王（Prince Regent）在布莱顿（Brighton）建造的府邸外形和上演有关布鲁克王朝戏剧（White Rajah）的剧院布景大同小异。同样地，在巴伐利亚州新天鹅堡，包括为不幸的路德维希二世（King Ludwig II）建造的亦真亦幻的宫殿，包括在皇室床上安装的闪闪发光的灯火，无不表明一位（浪漫的）英雄长眠在这片星空下。

19 世纪奥斯曼（Baron Haussmann）重新规划了老巴黎市，设计了传承法国古典风格（借鉴古人的风格）的宽阔的林荫大道、广场和高大优雅的建筑物，我们现在都认为这些是巴黎基本的特点。时光流转，这件事情对寻求重新改造并实现其他世界性都市现代化的人们产生了影响，包括罗马、维也纳、斯德哥尔摩、马德里和巴塞罗那。

　　然而，要事无巨细地复制所有建筑物或整个城镇，甚至带着改造的痕迹吗？至少在中国，这并非是闻所未闻的事情。中国北方城市天津仿造曼哈顿天际线建设了它自己的洛克菲勒中心和仿造的哈德逊河，这个 15 世纪渔村的痕迹再也不复存在了。在郑州，20 世纪 90 年代柯布西耶（Corbusier）的法国朗香教堂（Ronchamp chapel）的仿造品矗立起来（直到在法国和柯布西耶基金会的抗议下才被推到）。欧洲地标性建筑物的仿造品，例如伦敦的塔桥和巴黎的埃菲尔铁塔也分别出现在苏州和天都城。整个高山小镇哈尔施塔特（Halstatt）——它本身是联合国教科文组织的世界遗产地，也是主要的旅游目的地——在广东省拔地而起，这令奥地利人及其联邦政府惊愕不已。然而，更令伦敦人痛心疾首的是：2006 年，都铎式风格和哥特式尖顶浓郁的泰晤士小镇首次出现在离上海 30 英里之外的松江区。

糟糕的模仿？

　　多年来，亚洲各国热衷于仿造西方产品与制造工艺和技术，以期实现更佳的效果。回想一下，日本和韩国最初靠生产欧洲和美国电子产品价格低廉的仿制品起家，最后在多个产业一统天下。但是，今天，中国人更是技高一筹，他们发明了一个新词"山寨"来描述这种行为（来自于"匪盗的巢穴"——超出法律保护范围）。

　　山寨产品继续从中国工厂涌到市场上，服务于中国 13 亿新消费者的需求，满足其预算（尤其是生活在较新城市、边缘城市和农村的 60% 的人口）。

　　如果你认为这些山寨产品本身质量低劣，那你就大错特错了：许多山寨产品的质量和原创的一样好。例如，全球 10% ~ 20% 的智能手机都是山寨品——它们是没有品牌的设备，但却拥有相同的触摸屏、mp3 播放器、游戏和视频功能。它们常常也有一些新增功能，像双卡或三卡槽（中国许多城市移动网络的稳定性非常棒，所以谁不想拥有更多选择呢？）所有这一切只需原创产品的部分成本就可实现。

那么，你如何区分它们呢？或许英语为母语的人可以从名字上看出来——"Naik"（Nike）运动鞋或"Dolce and Banana"（D&G）T恤和行李厢。还有，我也不确定我到底是不是在真正的 Mek Dek 或 Buckstars 用过餐。

"全球 10% ~ 20% 的智能手机都是山寨的。"

山寨苹果？

没有一个品牌可以幸免。当博主 BirdAbroad 在中国西南地区的昆明市发现一个冒牌的苹果商店时，苹果公司无比愤怒，但这也在意料之中。

再强调一次，质量差异并不是假货暴露的线索——内部构造、设计、产品和营销统统都与其他城市品牌产品的标准实践一致，其员工甚至认为他们就是在为正牌的苹果店工作。差异只存在于小小的细节中或者是一个特定的细节中：BirdAbroad 发现苹果公司从来不在实体店门前挂上"苹果专卖店"的标志。

"泄露真相的细节还包括用电脑计算付款。"

碰巧的是，随后的调查显示，在这一个城市实际上就有 5 家（！）假冒苹果店，各店对乔布斯/艾维斯的设计模板都有不同程度的保真度。其中两家店被当地政府迅速关闭，因为他们没有营业执照，但是其他的店还在继续营业，尽管苹果公司强烈抗议（虽然当地政府已通知他们停止使用苹果标志）。

山寨苹果实体店继续在中国其他城市蓬勃发展——例如，距离昆明北部 7 个小时车程的临沧市有几家山寨零售店，他们暴露真相的原因在于一些小细节上——员工 T 恤上的商标是可粘贴的，还有就是用电脑计算付款。产品本身似乎是真实的——内部人员透露，他们可能是苹果在中国的合同制造商附带生产的产品（剩余库存或故意生产过量）。

叠影狂"模"

从创新者的角度来看，山寨主要代表的是模仿中劣势的一面：它窃取他人创造全新更佳产品时付出的脑力劳动和财务支出（知识产权律师暗示）。这正是我们认为仿冒者不诚实、不正当的根本原因所在。

叠影狂"模"（详见引言部分）对创新者来说无任何好处，因为它不会产生新奇的事物——只是无穷尽地重复同一件事情。正如相同名字的电影《叠影狂花》一样，还有一种令人毛骨悚然的感觉。

"叠影狂'模'对创新无益。"

这种模仿的一个有名的（确实是没有帮助的）例子是广为接受的标杆管理咨询实践。标杆管理法于 20 世纪 80 年代由美国施乐公司首创，当时该公司经历了棘手的并购西部联盟电报公司（Western Union）以及恶性反垄断裁决，导致其在美国的市场份额急剧大幅下降（从 100% 到 14%），而该公司藉此标杆管理工具成功地进行了重组，因此被广泛称道。

标杆管理最初的宗旨在于促使企业与其竞争对手比较资源是如何分配的（以此确保没有在购买一些原料或组件上多花钱，造成不必要的浪费）。然而，在实际运作中，标杆管理很快成为一种借口，即让供应链上所有成本与竞争对手持平。

例如，麦肯锡公司（McKinsey）描述了当时德国电信行业不同企业采用标杆管理（通过"价值链分析"彼此持平生产成本和运营）时的情形，结果短短数月内就毁坏了市场价值。

对于消费者（由于日益同质化的产品）和企业（由于更大的价格点竞争和缺少差异化导致利润下降）而言，以这种方式利用标杆管理工具，即亦步亦趋的模仿，将变成一个灾难。

中间地带

怎么会变成这个样子？探索相同现象——有时是抽象现象——的最佳方式之一是通过由人参与的游戏。几年前，两位研究群体行为的专家学者——延斯·克劳斯（Jens Krause）教授（一名动物学家，他之所以引起我注意是因为他研究的将"机器鱼"混在棘鱼群里的棘鱼集群行为实验）与德克·赫尔宾（Dirk Helbing）教授（他对人类群体行为和自我组织体系的研究引领着该领域）共同合作，研究德国电视台的一个节目的游戏玩法，揭露各种群体行为是如何产生的。

我们的游戏比较简单，研究当一个群体中彼此仿效太密切时，大规模人群会发生什么。我称之为"中间地带"。

第一，我召集 15 ~ 20 个人（人多一些更好，但少于这个数字就会使游戏进行得太快——太快的话，就无法好好观察情况）。

第二，我请大家随意走动，但不要撞到彼此。这是为了让大家在整个房间里分布均匀。

第三，我请大家停止走动，在人群中选一名朋友（F）和一名敌人（E），不要说或做任何事情表明他们选了谁。

第四，我请所有人再次动起来，但是他们现在要做的是保持在其朋友和敌人之间，你可以想象在现实生活中的场景。不惜任何代价。

很快发生了下面的事情：

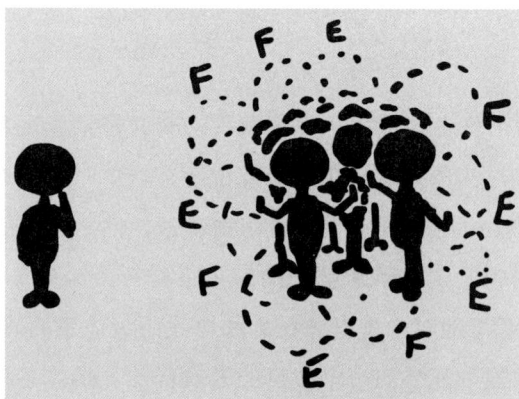

所有人都挤到一个地方，形成一个大圆球。

原因并不难理解：我们界定的个体关系的紧密性意味着他们最终会呈现集群分布。以市场营销的术语来说，这叫作"非差异化"。

我们更加努力

但是不要误会：山寨可为创新提供平台，这一点越来越明显。

以山寨企业—嗨租车（eHi）为例。当赫兹出租汽车公司（Hertz）与阿维斯出租汽车公司（Avis）试图把其美国式汽车出租业务模式照搬进中国大陆时（嗅到涌入到中国汽车市场的数十亿美元的利益），一嗨效仿其模式，然后进行创新。

对于一位有追求的中国高管来说，身处中国大城市的交通堵塞中（行驶在拥堵的、通往日益繁荣的城郊的高速公路上，我想现在大城市已被重重包围了），自驾汽车出租业务似乎不再具有吸引力：现在真正有地位的人的标志是有人为其代驾，使其摆脱驾驶的压力。

一嗨提供代驾和自驾两种选择（代驾选择越来越受欢迎，现在占到一嗨营收的 50% 以上）。只有一嗨有足够的警觉，改变美国模式，使其适应中国消费者；

阿维斯和赫兹对于优化其现有模式顾虑重重，未能倾听和观察他们新客户的需求。

因此，模仿可使事情变得更好。正是本着这一精神，扎哈·哈迪德似乎欢迎她的作品被模仿，即使在未完成前——尽管为赶在山寨版作品举行竣工仪式前完成她的银河 SOHO 建筑，她承受着明显的焦虑——因为仿制品可能会在构筑上拿出更佳的或不同的技术解决方案，那"事情就有意思了"。

"有什么比反过来模仿效仿者更好的方式来打击他们呢？"

机智的西方企业也意识到山寨对于加强创新的潜力所在：诺基亚、苹果和微软全都雇佣人类学家研究发展中市场山寨创新的情况。毕竟，对于打击效仿者最好的方式，有什么比反过来模仿他们、利用他们来加强创新更好呢？

创造与创新

这种风格的模仿本身比你想象的要普遍得多。事实上，在人类学和考古学学术领域中（它们的优势是能以更长期的视角研究技术和设计是如何随着时间推移而传播和不断演进的），发明（从根本上创造一个新事物）被认为与创新（通过不断模仿和变化而带来一类事物进展的缓慢过程）是完全不同的：后者远比前者更普遍、更深入。

我们大部分人都太依赖前者（实际上，我们表达"发明"的意思时，一般会使用"创新"这个词，不是吗？）。谁不想发明一个新东西，而不是模仿他人的新东西来制造另外一个版本？

伟大的经济学家熊彼特（Schumpeter）有名的区分发明创意和改进创意的说法是："创新是把技术或组织的新颖性引入市场"。他非常清楚"创新"在这个层面上的卓越价值：至关重要的不是发明新想法（这毫无价值），而是把想法市场化；实现其商业化才是其核心价值所在。西奥多·莱维特（Theodore

Levitt）持相同意见，他认为："想法毫无价值，除非它具有实用性"。乔治·R·R·马丁（George RR Martin）（是的，《权力的游戏》的作者）表示同意："想法是廉价的。现在我的想法写都写不完。我认为实施才是首要的。"

"创新比发明更重要。"

原创无利可图

实际上，绝大多数研究都表明，真正的原创极少像模仿那样有利可图。没有人记得快餐食品的原创（白城堡），但每个人都知道麦当劳，而麦当劳仿效了白城堡的创意、系统和理念。回到 20 世纪 60 年代，市场营销鼻祖西奥多·莱维特认识到这一点，他指出，当时最畅销的"魅力杂志"《花花公子》这个名称是抄袭自早些时候的经典标题。

无论知识产权律师怎么说，苹果公司所谓的"创新"（mp3 播放器、图标化界面、触摸屏、平板等），真正的"发明"寥寥无几。事实上，自从"牛顿"（Newton）遭遇初期挫折后，苹果公司学到的最重要的运营规则之一就是永远不要第一个面市。

事实也证明了这一点：发明者并没有从其作品中获利多少——一般获得的利润不到整个产品生命周期的市场价值的 7%。正如《经济学人》杂志最近指出的，在优胜劣汰中获胜靠的是学习其他企业，而不是靠绝对的创新。

人类学家和考古学家看待问题通常眼光更长远，跨越不同的群体。实际上，这些学科倾向于将全新事物的发明——无论是踏破铁鞋孜孜以求的寻求，还是无心插柳柳成荫的意外之喜（比如埃尔维斯的乡村摇滚乐）——看作人类十分罕见的现象。正因为如此稀少，最好将"创新"视为并非发明了某些东西，而是某种形式的模仿。而我们绝大多数情况下正是这么做的。

保持冷静

这类反复"创新"的最明显的例子是近年来得以广泛传播并渗透到英国文化每个角落的模因:"保持冷静"(是的,杯子上、围裙上和政治中,这句话无所不在)。

1939 年,英国预测要爆发战争,英国政府认为各城市势必会遭受大规模轰炸,因此信息部准备了一系列鼓舞人心的宣传海报和宣传小册,以激发民众的斗志。

该系列的前两张海报写的是"自由危在旦夕。竭尽全力捍卫自由"与"你的勇气、你的振奋、你的决心将有助于我们取得胜利"。它们被印刷出来并予以派发,然而 250 000 份"保持冷静,勇敢前行"的海报却没有被大规模张贴,随后便消失了。

直到 2000 年,英国诺森伯兰郡(Northumberland)阿尼克(Alnwick)城镇巴特书店的斯图亚特(Stuart)和玛丽 · 曼利(Mary Manley)在拍卖会上拍下的一批二手书中发现了该海报的原件。他们把印刷出的海报裱起来,把它陈列在书店里柜台的后面,很快,应顾客反复请求,他们开始印刷该海报的仿品,并配有都铎皇冠和立体字体。这个短语开始出现在海报上、纸牌上、杯子上和 T 恤上,在传播过程中,其观念不断渗入大众文化的不同领域,而微妙的变化随之出现。

变化包括流行乐队小飞侠乐队(McFly)的"保持冷静,让演奏更响亮"巡回演出,马特 · 琼斯(Matt Jones)的"兴奋起来,创造奇迹"(用十字扳手代替了皇冠)以及"保持冷静,仇恨微软"(或者"仇恨苹果",根据你所属的技术社区)。

甚至地方政治也改编了这一宣传口号:2012 年和 2013 年,拯救刘易舍姆(Lewisham)医院运动大量使用的海报标题为"不要再冷静了,抗争到底,拯救刘易舍姆医院急诊室"。

在美剧《双螺旋》（*Helix*）（第 1 季）中，Hiroshi Hitake 博士的杯子不断闪现这几个字眼，我最喜欢的改编版本是各地英国板球爱好者喜欢的话题："保持冷静，保持击球"，这样的例子不胜枚举。

独木舟工作室（StudioCanoe）制作了一部优美的纪录片，片名是《保持冷静，勇敢前行》，讲述了整个故事，但是如果你想做你自己的版本，"Keep Calm-o-Matic" 网站可帮助你实现愿望。

现在，它的许多变体都很糟糕——这种错误百出的仿效通常会出现这种情况——然而一些（包括上面举的那些例子）变体很新颖有趣。事实证明，误差造就了价值。

来源：图片来自 http://www.keepcalm-o-matic.co.uk。

别出心裁

波普艺术家安迪·沃霍尔（Andy Warhol）最出名的或许是他的画像印刷，常常浓墨重彩，重复印刷很多次。因此，画像让这些印刷品人尽皆知，你可以在本地印刷店以这种风格重新印刷你家的照片。

对沃霍尔艺术的意义和重要性的讨论多集中在他重复印刷已有画像（他绝大多数印刷品是基于现有照片），表明原创在大规模再生产时代的意义是什么。然而，一直吸引我的是他如何推陈出新，即使以相同的格式使用相同的颜色，每一件印刷品还是不同的。

纸张上非常轻微的油墨压印被视为误差，但在绝大多数情况下，它增添了该印刷品本身的独特性。每次印刷都能带来新奇性：再生产中的误差才是精髓所在。你可以称之为偶然发明。

幸运的是，绝大多数人为模仿都比沃霍尔版画制作背后的机械复制更灵活。

传话游戏

人为模仿常常更像传话游戏（或者美国读者所熟悉的"沟通不畅"的游戏）。我同事和我常常在讲座和研讨会上与客户和观众一起玩这个游戏。

你可以在下一页看到这个游戏是怎么进行的。我们让参与者站成一排，所有人都面向同一个方向，看着他们前面人的后脑勺。我们解释说，这个游戏就是要模仿你所看到的。但是要一直等到有人拍你肩膀才能开始，只有在那个时刻才能转身。如果你愿意的话，站成一排里表演并传话……

创造误差

如果一排站 12 个人参与这个游戏，最初的手势总是在很大程度上被改变，即使是逐渐的，有时很缓慢，有时立即发生。无关紧要的模仿错误一个接一个。我常常请参与者和观察者描述他们看到了什么：大家自然而然地将"误差"看作是负面的——好像目标就是要复制一排人的行为。比如，"某某人搞错了"或者"他们模仿的不对"。我发现这里默认的价值判断很鲜明：误差是不好的东西。如果你指的模仿是《叠影狂花》(亦步亦趋)式的模仿，而不是创新者的朋友"无羁绊的模仿"，那么误差当然不是好事。前者目的是复制，后者旨在创造误差和变化。前者是要保持事物原样，后者通过产生误差在现有事物的基础上创造新奇性。正如第二章讲述的埃尔维斯和男孩们四处闲逛模仿借鉴，从而成名。产生更大误差——这对你和你的创新都有好处。

"产生更大的误差——这对你和你的创新都有好处。"

第一步 首先，我们请一排中最后面的人轻拍前面那个人的肩膀。后者转过身来，观察前者做出的简单手势(我一般建议3个简单的手势或身体动作，但是在这个例子中，我们进行了简化)。

第二步 现在轮到第二个游戏者轻拍前面人的肩膀，重复同一手势(或者他们认为的同一手势)。

第三步　现在第三个人开始轻拍前面人的肩膀，做出他从第二个人（他后面的人）那里看到的手势。1号和2号游戏者在看着。

第四步　这时，很明显，观众和参加游戏者都可以看到游戏在一排里进行的过程中在不断改变和演进。动作被夸大了或左右手势调换或改变了顺序。

误差与卓越

经乔纳森·特伦姆莱特（Jonathan Tremlett）许可而复制的插画

30 多年前，在一个明媚的春天清晨，我登上了西米埃兹（Cimiez）的马蒂斯博物馆（matisse museum）的阶梯，俯看着普罗旺斯的尼斯城。空气中飘荡着松树、野生迷迭香和含羞草的味道，清香弥漫。我走进这个坐落在地中海上的豪华别墅，欣赏这位艺术家后期绚丽多彩的油画和插画——对比鲜明，一尘不染。最重要的是，明亮的湛蓝色。

然而，现在回首往事，我印象最深刻的却是他爱妻珍妮特（Jeannette）的一排青铜制半身像。

这一排同一个女人相同姿势的雕像（但前后历时六七年时间，从 1910 年开始）表明一位艺术家刻画人物的能力不断提升，从极其自然主义发展到扭曲的立体主义。每件作品都有意在上一件作品的基础上做了改动。

高端女帽制造商贾斯丁 · 史密斯（Justin Smith）是手工缝制帽子的——安吉丽娜 · 朱莉（Angelina Jolie）在迪斯尼电影《沉睡魔咒》（Malificent）中佩戴的双角头饰就是这个男人制作的：他用的是老式的铸铁夹压机械和木质鞋楦（模具）。虽然一批中每个帽子都是基于相同的鞋楦制作的，但是每一顶帽子在缝合与夹压上必然是不同的。他的新款"黑色"系列有 50 个不同的款式，但是随着时间的推移，每一顶帽子选用的材料会发生变化，但样式不会变。

有趣的是，他也可以被称为帽子独特风格的创始人，现在这样的帽子是潮人必备的——配有猫耳朵的帽子已被广泛仿效和再仿效，随后又出现了熊耳朵、狗耳朵，甚至是狐狸耳朵。

模仿："KOPERIEN""NACHMACHEN"或者"ABKUFERN"

翻译艺术充斥着种种错误及相关问题：伟大的译作绝不仅仅是将信息从一种语言转换为另外一种语言，就像机器翻译假设的那样。

"伟大的译作绝不仅仅是将信息从一种语言转换为另外一种语言。"

海明威既精通英语又擅长德语，然而他对两种语言的运用又是不同的。维兰德（Wieland）于 1765 年将《哈姆雷特》从英语翻译成德语，其译作与英文原作大相径庭，然而历代德国读者却给予其很高的评价。

爱尔兰诗人谢默斯·希尼（Seamus Heaney）现代英语版的获奖译作《贝奥武甫》，绝非是从古英语抄写为现代英语，其本身就是一部颇具创作灵感的作品，他根据原作创造了不同的内容，但同时又贴近于原作。

相同地，在著名的连锁翻译（即多个）实验中，61 位作者将 12 个故事翻译为 18 种语言，每位作者都根据前人讲述的故事悄悄进行了改动——每个版本都是全新的翻译，是对同一个故事的重新演绎，扎迪·史密斯（Zadie Smith）、杰佛瑞·尤金尼德斯（Jeffrey Eugenides）、洛朗·比内（Laurent Binet）、哈维尔·马利亚斯（Javier Marias）、大卫·米切尔（David Mitchell）和科尔姆·托宾（Colm Toibin）等译者向世人展示了如何通过演绎和再演绎同一个故事来创造新颖性。这正是现实世界的样子，故事、谣言，甚至"客观事实"掺杂其间——效仿造就新颖。

前桂冠诗人安德鲁·莫逊（Andrew Motion）最近荣获殊荣的作品《牧师会礼堂》（*Chapter House*）从另一个角度说明有差异的模仿可造就新作品。莫逊创作了一战经历的诗意拼贴，靠的不仅是著名"战争诗人"（沙逊、布鲁克等）的作品，而且还有普通步兵的信件。结果，诗意般地唤出了人们对一战经历的回顾，当然，其作品深深扎根于模仿。

切碎技巧

有时，你必须使用特定技巧才能创造与现有材料不同的东西。大卫·鲍伊（David Bowie）最佳的歌曲创作正是在这个基础上产生的。从 Diamond Dogs 开始——他使用"切碎"（与重新组合）技巧的第一张专辑，该技巧是由狂热主义作者威廉·巴勒斯（William Burroughs）及其搭档布里昂·基辛（Brion Gysin）开创的。在本质上，它指的是将一个线性文本分割到词和词组，然后再进行重新组合，产生新的意义。如果鲍伊的专辑《之型星团》（Ziggy Stardust）及其生活至少以巴勒斯 1971 年的小说《狂野男孩》（Wild Boys）为基础，那么切碎技巧就能提供一个变化的引擎，对其在创造高峰期之后的 15 年里起到了很大作用。切碎技巧对歌词作者来说是非常优秀的无拘无束的模仿工具。

社会学家兼哲学家理查德·塞尼特（Richard Sennett）在其有关工艺和工作世界的杰作里探索了中世纪行会的历史。他表示，虽然这些行会的理念是保持质量和工艺永恒不变（在行会领导的严密监督下，一成不变地模仿一个特定地方的一小波行业者），但是匠人们也被鼓励着去游历，这给顺时施宜的模仿带来了机遇，助力了新颖性的产生和传播。

塞尼特引用了阿拉伯伟大社会学家伊本·哈勒敦（Ibn khaldun）的例子，他远游西班牙安达卢西亚自治区，研究"当地基督教协会的器皿和流动的金匠的工艺品。对他来说，像柏柏尔人（Berbers）之类的金匠在游历过程中不断提升自己，变得越来越卓越。相比之下，久居不动的协会则显得毫无生气、'腐化不堪'。用他自己的话说，一位大师'管理得了一个移动的行会'"。换言之，一位大师可以确保他行会内的模仿能够做到"纵横开阖"。

恣肆的模仿将险象环生

这就是说，刻意产生误差的模仿并不总是一件好事。你或许记得一个备受瞩目的例子，即挑战者号航天飞机的灾难。这架航天飞机本身是分两部分进行制造的，也是分两部分运输到发射地点的。这一不同寻常的建造方法意味着美国宇航局（NASA）工程师必须了解和校正不同天气条件下发射失败的风险，尤其是发射当天遭遇的寒流状况。特别是连接重新组装的发射火箭的 O 形环密封圈容易冻结，导致失效。

> **"刻意产生误差的模仿并不总是一件好事。"**

因此，尽管工程师和科学家都清楚在这些条件下进行发射危险重重，然而他们的客观判断在经过机构内反复的上传下达后被改变了意思——原定是在发射日期的几天后——由于多次传达，信息被一次次分解，最后的指令是允许发射。后果就是该航天飞机升空后立刻爆炸解体坠毁，导致机上宇航员全部遇难。

> **"人与人之间的交流不可避免地会产生信息差异，除非你特地予以培训。"**

现在，我们常常认为只有开放的网络才是好的网络：所有节点都可以自主决策，可随意去除或添加节点。然而，上面的例子表明，许多社会网络无法解释的"自然性"特点存在着风险。

在应急反应计划领域，情况亦是如此。试想一下，当一个国家面临一些不可抗拒的灾难时（核设施事故、恐怖主义袭击或非典型肺炎等流行病），它所亟须的是信息在援助网络中畅通传达，并采取特定应急措施。应急策划者最不需要的是信息中的节点"无法控制"，自行决定做什么、记录什么、向网络传达什么。

大量的时间和精力被投入到训练那些在发生可预测的威胁时负责我们安全的人不要自行思考——只按照培训时所要求的进行工作。换句话说，他们的工作就像一个回路中的简单开关，而不是成为好莱坞式的英雄：如果发生这种情况，请做 A；如果发生另外一种情况，请做 B。不要思考，不要自作聪明，只需要按照我们需要你完成工作的方式进行即可。

据我了解，该领域的专家称，让人们成为一个网络中使信息传递误差最小化的哑巴节点是非常困难的；去除系统中因传递信息产生的噪声，保持信号清晰明亮，这也是异常困难的。除非你训练人与人之间的连接人这样做（使其定期实践），否则他们不可避免地会产生变化和误差。

模仿与演进

相比之下，查尔斯 · 达尔文（Charles Darwin）在其著作《进化论》中认识到了模仿和变化的重要作用，并给予了充分肯定。

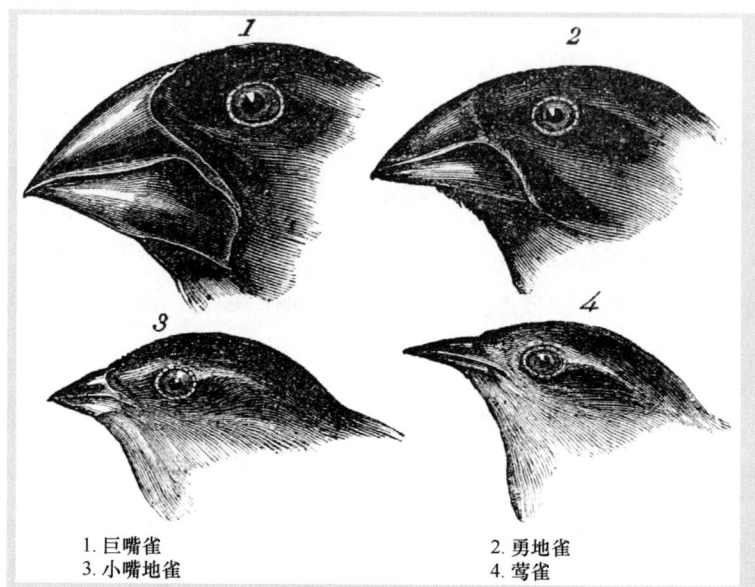

1. 巨嘴雀　　　　2. 勇地雀
3. 小嘴地雀　　　4. 莺雀

达尔文的雀类
来源：http://en.wikipedia.org/wiki/File:Darwin%27s_finches_by_Gould.jpg.

一听到或看到达尔文的名字，我们自然就联想到他的适者生存的理论（它指的凡是适应特定环境中的个体或个体特性都是成功的——适应性最强的个体都是被环境"选择"的，这正是它们得以长期生存和繁荣的原因所在）。

和这位伟人同时代的人一样，我们认为更好的（更合适的）事物会胜过较弱的事物。这使我们对进化的基本方向产生了自高自大的（严格说来非达尔文主义者的）认识，认为自然选择是进化机制理论所谓的内在部分，流露出我们处于众生之上的想法。它也有助于我们进行事后比较：它帮助我们对在生存斗争中获胜的人或物的特质有一个合理化的解释。

当有人问，"苏珊 · 波伊尔（Susan Boyle）为何最后会在《英国达人》（第三季）中获得如此佳绩？"（并最终成为全球领先的录音艺术家），"因为她是最棒的"或者"因为她音质绝佳，面容姣好"，这两个答案似乎都比"因为她幸运啊"或者"事情就是这样的"令人满意——这进一步加强了我们的认识，即世界是有秩序的，特质应该展露出来。

然而，在"适合性"和"选择"理论之前，达尔文的进化理论从根本上依赖于两点：性状一代又一代地传承；以及促使性状发生变异的手段。

这两点都是靠模仿实现的——若没有模仿，就没有传承和变异。没有传承和变异，一切都没有进展——或许就像绝对忠诚的神创造论者认为的那样，每个物种都会和起源时一样。例如，达尔文观察的与人类有近亲关系的雀类就不会产生变异。一代又一代都不会有任何变化。

模仿、改变与古乐器

以这种方式在创造价值中进行模仿的重要性在那些产出非单一、固定的艺术形式中尤其突出：在剧院中，一个剧本的每次演出和表演都会引入一些变化，无论是有意的还是无意的，这正是许多戏剧演员喜欢长期演出的原因，这可以使他们不断进步，不断提升其表演。

无独有偶，一首歌曲的每次表演都会在安排上有轻微改变，有时是在收录和重复的方式上，有时只是一些临时的"改变"。

每次讲述一个笑话的方式本身会改变这个笑话，每次叙述一件奇闻异事时都会细微地（有时不是那么细致地）改变事实和细节。

有时这与猴子和打字机的故事更相像——它们产生的都是噪声——但是如果表演者或喜剧演员有时或者常常表现得够优秀，那么伟大的事情便会发生。

如果你愿意，你可以将此与构筑一个特定的、静止的事物的创作行为相比较（或者与那些希望固定剧本或故事或保持原来讲述形式的人相比较）。此处的差异和模仿问题很大，无论伊丽莎白时代的衣服是不是莎士比亚戏剧中描写的那样（我父亲希望是），或者是否以古乐器演奏古典音乐。虽然这些类型的艺术考古项目趣味盎然，还可为欣赏历史艺术品增添真正的见解，然而这远远不是故事的全部。

"如果你允许，模仿会带来改变。"

如果你允许，模仿会带来改变——尤其是如果你允许人类参与其中，各自工作（大致模仿，而非刻板模仿）。就创造来说，模仿即为传奇。

接下来你就需要做一些实际工作，在模仿过程中创造新颖性和差异：改进事物，放眼远方，重复进行。

模仿与改进事物

将模仿作为创新核心机制的一种方式就是专注于"修复"业已破碎的东西。

你在高中时或许学习过苏格兰工程师詹姆斯·瓦特（James Watt）因发明了蒸汽机而被誉为工业革命之父，但其实事实并非如此。

"专注于'改进'坏掉的东西。"

汤玛斯·纽科门（Thomas Newcomen）是 18 世纪初期研制蒸汽机的几个人物之一，他研制的发动机实现了从 150 多英尺深的康沃尔郡（Cornish）的锡矿中抽出水来，使进入更深的地质缝隙成为可能。

与他同时代的人的研究一样，纽科门的发动机是靠蒸汽和空气提供动力的。它非常出色，宣称可代替之前机器中使用的 500 匹马的动力（马力）。然而，瓦特发现它存在明显的缺陷。

最重要的是，它热效率低，燃料消耗量大：它要求气缸先要由蒸汽加热（随着气缸冷却到工作压力，大部分蒸汽就会消失），然后由冷水流冷却。

> "瓦特根本没有'发明'任何东西，他只是对纽科门的
> 设计进行了创新。"

瓦特的突出设计是"改进"纽科门的发动机：尤其是他在纽科门的基础上，新增了一个外蒸汽部冷凝器来驱动活塞，这样主气缸不必不断地冷却和再加热了（那样会浪费很多产生的能量）。

此外，他随后把活塞往返的直线运动变为旋转的圆周运动。然而，对于瓦特创新的核心，你现在或许可以称之为"补丁"，而不是一项创新。

与教科书相反的是，瓦特没有"发明"任何东西，他只是对纽科门的设计进行了创新。他通过模仿而实现了提升，并且模仿得不错。

20 年来，他和他的合作伙伴马修·博尔顿（Matthew Bolton）竭力维护其专利，不允许用户进一步改进。他们的业务模式——基于租赁而不是所有权——大大有利于防止用户在瓦特 – 纽科门的设计上制造自己的补丁，也防止用户之间彼此分享这些补丁。然而，他们对法律界的支持特别有利。

瓦特变得性情暴躁——就像狄更斯作品中描述的反派一样蜷缩在住宅的阴暗处谋划复仇——他失去了很多朋友，因为他死死守护着他的知识产权。他的专利权最终失效时（19 世纪之交），他已经富可敌国，然而内心孤独寂寞、忿忿不平。后来，他与另外一桩交易失之交臂。在大家可以互相学习、甚至借鉴更佳的解决方案时，为什么非要从他那里购买呢？《精益化发动机报道》杂志当时似乎是为许多技术社区分享"修复"和"补丁"的几大平台之一。该平台反过来提供了一些瓦特当初实现的生产率的提升，尽管是与瓦特的机器相比，而不是纽科门的。这位曾当过大学仪器制造工的人创造的伟大"改进"现在已成为常识，因此也就没什么价值了。

改进出故障的事物

改进出故障的事物是一种更积极主动的方法，有助于模仿工作，我不断用

该方法帮助客户创新服务和产品。

首先，你为客户找出一项特定服务中哪些出了问题，比如说家庭保险等特定市场。然后，你着手于尽全力解决问题。绝大多数产品或服务都是传承下来的——都是模仿的结果——但是，你"改进了""出故障的"部分。

> **"绝大多数原产品或服务都是传承下来的，但是，你'改进了''出故障的'部分。"**

如果这听起来很熟悉，那是因为它已成为初创公司寻求投资者常用的手法，不仅是和潜在投资者交流初创企业的核心想法，而且是将产品或服务植根于客户真正需要的东西中：*X有问题，我们需要通过……Y改进它。*

我可以提一个要求吗：我们可以不再试图"改进"没有任何问题的事物吗？或者至少，集中精力于改进在客户看来真正无法使用的事物……。

我最近听说一个旨在"改进"卡拉 OK 的产品项目。现在卡拉 OK 确实存在一些问题（例如，价目表的字体常常使人们在夜晚昏暗的酒吧里难以辨认，然而卡拉 OK 不缺乐趣。至少对我们大部分人来说是这样。

变残缺不全为家喻户晓

约翰 ·V· 威尔特发明了一个非常有用的、目标性很强的游戏——模仿残缺不全的东西及其解决方案。他称之为"变残缺不全为家喻户晓"：

- 首先，鼓励每个选手找出一些无法很好地服务于客户或用户的特定类型的事物。每个选手都从用户的角度出发，选出并写下两条最紧迫和急需解决的事情。然后，整合所有选手的答案，供团队使用。

- 其次，鼓励大家找出任何领域中他们特别喜欢并认为可以为他人所学习的 2 项服务（线上或线下的）。先是分别写在各自的卡片上，然后整合起来供团队利用。

- 最后，团队可以通过整合不受欢迎的事物与受欢迎的事物，从而创造出"受欢迎的"解决方案。

这个游戏最值得称赞的是，它几乎不会令人失望：结果总能为实际问题带来几个企业常常忽略掉的、不可思议的解决方案（因为这些问题看起来困难重重）。

将残缺不全的事物推而广之

我们将这个游戏推而广之（在 2014 年冬季阿姆斯特丹的洞见创新交流大会上），我和同事们首先请数百名采购和销售的市场调研人员找出他们市场中不尽人意的事物，然后整合起来，并在我们的指导下，模仿他人，最终解决问题。

这里，我最喜欢的技巧是佐治亚洲亚特兰大的迈克·麦克劳德（Mike Macleod）创造的。

问题：没有人能敌得过当今大型企业的采购规则

- 小型供应商负担不起招标流程，也难以应对采购合同的文书工作和财务负担。

- 大型买家没有得到他们真正希望获得的——他们发现这样偶尔想使用精品供应商就困难了。

- 大型供应商可以应对采购流程（很明显，强中自有强中手），也很擅于管理规模成本，然而他们承受不了员工的精品心态。

解决方案：巧妙学习航空航天产业

- 创建一级和二级承包商。

- 一级承包商可充当（至少有时是这样）"天才代理"，作为连接企业买家和精品供应商的桥梁。

- 一级承包商可管理物流和财务，而无需购买精品或支付经常性费用。

到此为止，本章介绍了模仿是如何创造新奇性，并成为创新的引擎的，前提是我们要遵循以下条件。

- 灵活模仿。

- 重复模仿，鼓励误差／变化。

- 专注于改进不尽人意的事物（通过模仿令人满意的解决方案）。

然而，利用模仿进行创新的重要方式还有一个：放眼全局，纵横捭阖。

小而精还是大而广

风靡一时的英剧《神父特德》（Father Ted）讲述了一位天主教神父，因曾经的过失而被流放到虚构的克吉拉岛（Craggy Island）上的离奇故事。我们最喜欢的一集是，当外面大雨滂沱，自以为是的特德神父坐在一个敞篷车里，将他手中的玩具牛与外面田野里真实的牛进行比较，从而向傻傻的杜加尔神父（Father Dugal）解释视角的概念。"好吧，再解释一遍。这些是小牛……但是那些都太远了。小的……远的……！"他喃喃说着，越来越焦虑。

事情就是这样：无羁绊的模仿价值连城，因为这种模仿是灵活的。它会不自觉地引入误差、变化和看待问题的新视角。而这恰恰创造了新奇性和创新。

广为人知的"跨界混搭"文化与此有异曲同工之妙：两种之前彼此毫无关联的内容被混合在一起，从而产生全新的内容。嘻哈文化与其他类似的音乐流派常常诞生于原来风马牛不相及的事物彼此碰撞的过程中。史密斯飞船

（Aerosmith，美国一乐队）与 Run DMC 的《一往无前》（*Walk This Way*）或许是最早打入主流文化的代表。

"无羁绊的模仿很可能是灵活的。"

当今的音乐录音和编辑技术使事情变得简单多了，然而模仿实践仍然在音乐界蓬勃发展（尽管版权律师虎视眈眈）。或许最好的例子是《神勇小白鼠》（*Danger Mouse*）之《灰色专辑》（*Grey Album*）的 DJ/ 制片人，该专辑融合了杰伊（JayZ）之《黑色专辑》（*The Black Album*）的无伴奏合唱以及甲壳虫乐队《白色专辑》（*The White Album*）中的音乐音效，令人回味无穷。

音乐界另外一个明显例子是 BBC 第四台长久以来每周都会上演的自解释游戏秀"克服小组猜谜"（antidote to panel games）——对不起，我毫无线索，"他歌伴奏（One Song to The tune of Another）"。从游戏名字便可看出，邀请选手在一首旋律的节奏下演唱完全不同的歌曲。我最喜欢的一些表演包括喜剧演员格雷姆·加登（Graeme Garden）在《绿袖子》（*Greensleeves*）曲调下演唱的《功夫》，在《我的太阳》（*O Sole mio*）的曲调下演唱的《用你的节奏棒打我》（*Hit Me with Your Rhythm Stick*），或者在《共和国战歌》的伴奏下演唱的《你该抱怨音乐》（*Blame it on the Boogie*）。当然，这些不可思议的碰撞很有趣，因为荒谬，但是也因为它们为音乐和抒情诗开辟了新天地。推陈出新，如是而已。

当然，跨界混搭艺术是将两个不相关的事物融合在一起，并藉此创造意外的新奇性。然而，在艺术界，漫无边际的巧妙借鉴则拥有更悠久、更令人尊敬的传统。

在远方，在远方……

伟大的现代诗人、批评家及文学编辑托马斯·斯特尔那斯·艾略特（TS

Eliot）强调的不是诗人是否模仿抄袭他人——和绝大多数艺术家一样，他承认模仿、借鉴和创新性艺术在创作过程中的关键作用——而是如何模仿借鉴，以及他们模仿的原材料来自何方。

艾略特认为"一个优秀的诗人""常常会借鉴悠悠古人、语言各异或兴趣相异的作者的作品。"

伟大的艺术家引以为豪的是他们纵横捭阖的模仿：毕加索在寻求创造代表人类面目的新形式以及独出心裁的观看方式时，曾经多次着迷于非洲面具和古希腊陶瓷。

然而，在许多其他领域，成功的创新依托于局外模仿。

现代俄罗斯之形成

彼得大帝（Tsar Peter the Great）无疑为现代俄罗斯及其制度（许多制度为 1917 年革命奠定了基础并得以传承下来）之奠基人：当时俄国处于中世纪，在全知的教会统治之下，国家落后、封闭，表面风光，社会结构为农奴制，即少数封建领主或农奴主占有土地和资源，绝大多数为其工作的个体从属于他们，彼得大帝为其革命奠定了坚实的基础。

在启蒙导师们的影响下，彼得对现代世界——古老的俄国大地之外的后中世纪社会及其实践——产生了浓厚的兴趣，他希望向世界开放。因此，在 1697 年，他率领"大使团"出发——西欧之旅的首要目标是加强泛欧联盟，对抗奥斯曼帝国；创建西方联盟，对抗瑞典王室。虽然其首要目标没有完全实现，但他的次要目标——学习现代世界的实践——却圆满成功了。

他引入了（德国）时尚（众所周知，他讨厌当时盛行一时的俄罗斯样式的胡子，禁止贵族蓄胡），还引入了英国社会礼仪（比如饮茶）。

"所有这些创新都是借用的、模仿的、借鉴的。"

和 17 世纪一些休学的学生一样，他从游历的每个国家都学到了专业知识和技能：他一直钟情于造船与航行（尽管他即位时，俄罗斯在白海只有阿尔汉格尔斯克市一个海港。他率领"大使团"旅行期间，成功使用了一个假名长达四个月，在荷兰东印度公司的一艘船上工作，收获了实践经验，并在威廉三世（时任英国与荷兰国王）的赞助下走访了德特福德市和格林威治镇。

他还从荷兰工程师身上学到了许多工程知识，以及如何排干沼泽地，从英国学到了城市建设的知识（他走访曼彻斯特市，这次走访对他决心打造现代俄罗斯起到了关键作用！）——知识、技能和眼界奠定了他之后创建梦幻之城圣彼得堡的基础。

他还根据西方体系改革了对俄罗斯神职人员的管理方法（虽然允许他们蓄胡），或许力度最大的动作是对官方纪年的改革，将之改编为罗马儒略历（即公历的前身）（从耶稣诞生开始计算，而不是从创世纪开始），这样，每年的正式开始日期就从 9 月 1 日改为 1 月 1 日。

当然，这些创新都是彼得发起的；然而，所有这些创新都是他在旅行期间从所闻所见之处而借用的、模仿的、借鉴的。

放心带狗出来吧

1948 年的一个夜晚，当瑞士电气工程师乔治·德·迈斯德欧（George de Mestral）和他的狗从高山林打猎归来、回到位于沃州（Vaudois）科穆尼（Commugny）的家中时，他发现小狗的身上（和他自己的袜子以及裤脚上）粘满了牛蒡毛刺（一种粘粘的种子，似乎能粘到一切东西上）。

出于好奇心，德·迈斯德欧在显微镜下观察了这讨厌的毛刺，结果惊奇地发现造成毛刺粘性的奇怪的微小钩状结构和环状管网——因此它才会粘到人身上、狗身上，还有纺织面料上。

他沉思着，或许这可以代替拉链——然后优质标准的粘扣带问世了。

迈斯德欧首先和少数几个郑重其事对待他的想法的人谈了谈，但是在到访里昂（当时欧洲领先的棉织中心）期间，他开始探索如何使之用于实践。虽然棉制原型最初给人以希望，但是它们极易磨损。当他转向更强劲的尼龙时，这个想法才真正开始有价值。

今天，很少有人记得德·迈斯德欧，但是我们都知道维可牢（Velcro）——衣服上常用的一种极其有效的连接辅料，它借鉴了某些植物独特的果实传播的原理。大部分人认为他的首位大客户（NASA）一定早已"发明"了该技术，其实不然，是德·迈斯德欧在大自然中获得灵感而予以创新的。

源于自然界的模仿——生物学家珍妮·班娜斯（Janine Benyus）及其同事称之为"生物拟态"——可谓形状各异、大小不一。就像迈斯德欧所做的那样，可以只模仿为实现特定目的而进化出的一种机制，从而解决另外的问题。

一个显著的例子是（新干线）日本子弹火车长达15米的突出部分，它可以帮助火车运行的更快，并且降低微压波噪声（空气压缩造成的巨大的声波干扰）：该设计源于翠鸟长而强直的嘴，助其在猛扑到水中寻找食物时实现空气阻力、水流阻力及湍流达到最小。

"源于自然界的模仿——生物拟态——可谓形状各异、大小不一。"

同样地，制药产业也很早就意识到动植物或许可以为现代医学带来新的化学药品的突破：古埃及人用杨柳树（柳树）的果实种子止疼，直到1853年，法国化学家查尔斯·弗雷德里克·热拉尔（Gerhardt）合成了乙酰水杨酸（ASA），即我们所熟知的"阿司匹林"的有效成分。难怪他们最初的工作都是踏遍全世界，寻找原住民的"天然的"医学实践。

生物拟态也涉及更多隐形的模仿。例如，一个企业"生态系统"的概念确实有助于企业发现新见解，帮助其理解这个复杂又瞬息万变的世界。同样地，如本章前面讨论的，生物衍生的进化论可提供真知灼见，以理解技术在越来越多的人采用的情况下是如何发展的，行为在越来越多的人实施时是如何改变的。相变和流体力学可帮助人们了解大量人群的行为。

生物拟态也是以模仿为基础的——跨界模仿。

BRAINJUICER® 效应

热情洋溢、头脑灵活的约翰·卡伦（John Kearon）于 1999 年创立了BrainJuicer® 有限公司，当时他预感，市场研究行业太过沉寂、也业已成熟了，认为这是创新的绝佳时机。今天，他的公司市值几百万美元，业务遍布全球，并且赢得这个领域最具创新精神的荣誉。

他是如何做到的？当其他竞争对手忙于提升现有实践，实现产业绩效边际效益时，卡伦则跳出固有的思维模式，从社会学中寻求新见解。

我刚认识他的时候，卡伦正痴迷于群体智慧现象：在适当的环境下，群体的认知能力如何胜过最聪明的（或最有学识的）人或专家。

卡伦及其同事找到原型设计的各种方式，并一一测试"群体智慧"。他们研究了爱荷华大学电子市场（大型在线平台，包括期货交易环境和投注站）的理论在线模型和小而简便的模型，然后融会贯通得出他们自己的研究方法。其基本原则就是，为实现集体智慧，个体必须独立作为（否则的话，大家彼此仿效，将导致现实金融市场中繁荣与萧条相伴而生的"羊群"效应）。

同样地，卡伦将心理学家保罗·艾克曼（Paul Ekman）关于我们对刺激的情绪反应的面部表情的研究运用到了市场研究中，他不是观察消费者的面部表情，而是帮助他们理清情绪。不看下面文字也能很容易指出八种表情中的任一种。

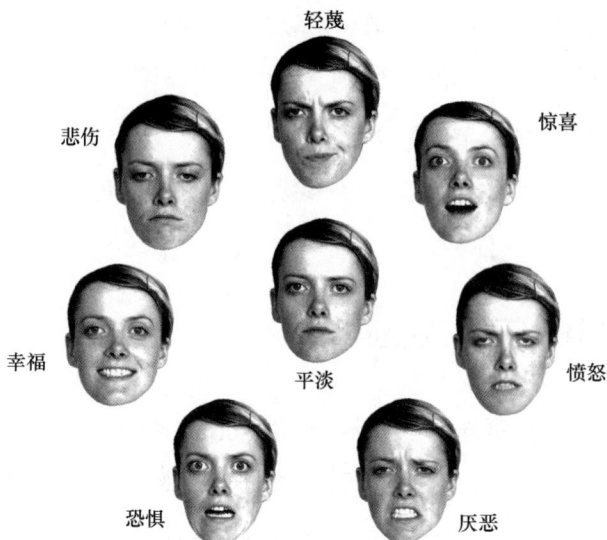

经BrainJuicer集团许可而采用

将 JUICER 的锦囊妙计收入囊中

总结以下几点锦囊妙计，助力"利润丰厚的"创新。

- 首先，找出需要解决的问题——真正的问题或损害客户满意度的缺陷。即不能满足你的客户的地方。

- 其次，找出你认为可能有帮助的、不太相关的专长或视角。

- 最后，快速制造一个原型（要做便宜的，因为第一次可能不成功），然后尽快并且尽可能经常地获取现实世界对你的想法的反馈。

重复上述步骤

如果说卡伦模仿的是不相关的领域，其实他也模仿自己的作品。因此，即

使他借鉴的东西很快就适应新环境了，他依然模仿原型并创造误差："分解事物
至关重要——这是了解事物本质及事物极限的唯一方式。"

转载版权经Gapingvoid Art许可。

我将此称为"循环往复、周而复始"。

所有具有创造性的人莫不如此。一个很好的例子是本章前部分描述的马蒂
斯（Matisse）的雕像与美国荣获大奖的建筑师弗兰克·盖里（Frank Gehry）
设计的双年展不谋而合：在展览上，他展示了为设计洛杉矶歌剧院而画过的大
约100幅画和制作的模型，可以看出其中不断进步的过程。每一版都是前面版
本的重复，却又有些许不同。

无论你是从哪里借鉴的，请不断重复模仿。看一看你是否能在灵活模仿中
实现进展，无论采用何种方式。

我的好友休·麦克劳德（Hugh MacLeod，其博客名是gapingvoid）是一

名漫画家，他也认为这是其工作方式的重要元素。他一边工作，一边就会做出"最终"版。所以，他会围绕内容制作产品和服务。他的至理名言是：

模仿，模仿，再模仿。

不拘一格的模仿借鉴——放手去做吧

有许多种方法可以使你借鉴不相关领域的知识，助你不需要研究认知科学中比较晦涩的角落，便可为其制定策略。

亚当·摩根（Adam Morgan）在其畅销书《小鱼吃大鱼》（*Eat Big Fish*）中强调了伊恩·施拉格（Ian Shraeger）方法的重要性。你可能没听说过伊恩·施拉格这个名字，但是你肯定知道他的杰作——精品酒店的概念。施拉格是 20 世纪 70 年代建设纽约迪斯科舞厅第 54 演播室背后操刀的企业家之一。

施拉格因避税在监狱短期服刑后（告诉记者在曼哈顿唯一比你赚钱多的生意是黑手党，这种策略你还是不要去效仿了——那是财源滚滚的生意），后来他经营了一家更耀眼的夜总会 Palladium，里边配备了最先进的电视荧光屏，再加上与纽约顶尖设计师和建筑师开展合作，施拉格及其搭档比尔·拉韦尔（Bill Lavell）开始开拓他们之前一无所知的领域——酒店。

那时，即 20 世纪 80 年代，在曼哈顿和其他地方的酒店产业是毫无价值的——装饰和建筑风格最好的是犹太人的高端巴洛克风格，最差的是让人厌烦且定价过高的假日旅馆。施拉格及其团队将夜总会的感性引入了这个市场：不同于以往的酒店格局，即从一个小门厅通向一个较大的私人空间（住宿），他们打造的是巨大的公共空间——在摩根、罗亚尔顿（Royalton）和派拉蒙（Paramount）——以及精致、昏暗的卧室（谁需要休息？）。这些酒店风格独特、名声大噪，更重要的是，引人注目。"精品"酒店概念由此诞生了。

将一个市场的规则移植到一个全新的市场常常会带来无法预料的机遇和全

新的见解，像"精品"酒店。走得越远，做得就越好。

> **"将一个市场的规则移植到一个全新的市场常常会带来无法预料的机遇和全新的见解。"**

了解事情应该如何做——规则是什么——在任何环境中都将是一个障碍。不了解事情"应该"怎么样却常常带来真正的机遇（你只要充分发挥你的想象力，随意制定规则）。这就是为什么创新通常是缝隙行为的原因——那些的确不知道应该做什么的人或确实不了解规则的人才会实现创新。

"督爷"会怎么做？

我们要讲的故事是源于杰夫·布里吉斯（Jeff Bridges）主演的《谋杀绿脚趾》（*The Big Lebowski*）中的绰号为"督爷"（Dude）的标志性人物。

试想一下在这些情况下"督爷"会如何做，这是不拘一格地进行模仿的起点（如果你没看过这部电影，我来简单介绍一下。督爷是生活在加利福尼亚州的无业游民，对保龄球有着狂热的爱好，整天喝得醉醺醺的，后来有一天突然遭到绑架）。

为什么专注于一个具体的人呢？这是因为我们人类擅长对人的思考——比对物的思考和抽象主意的思考要好得多。

致力于研究故事在传播过程中是如何被改变的许多现代社会科学研究——传播链研究——可以很好地说明这一点。人们能记住的似乎只是人的事情，不是技术的东西；此外，与进化心理学家的观点相反，这不是明显的进化优势，而只是与人有关。

绝大多数人可以靠某个人物角色或其他人，如一个有名的领导或品牌来轻松展开回忆也就不足为奇了。如"督爷"……

就好像戴上了一个面具。如果你是……，你将如何？

下面是一些简单的例子。

- 苹果公司将如何应对未来零售？

- 信仰列宁主义的人经营的手机业务会是什么样的？

- 默多克家族会对健康医疗有何贡献（或许不问……才是最好的）？

- 脸书会对旅游生意有何贡献？

- 杰伊会为汽车产业有何贡献？

- 保罗·史密斯会对音乐商业有何贡献？

- 蝙蝠侠会对能源市场有何贡献？

列出你认为这个人或企业会做的事情（不要担心不切实际）。

不要理会品牌赋予的东西，看看你还有什么。你能借鉴什么？答案就在于多问几个"是什么"和"为什么"。

做不一样的自己

这种练习的很大一部分价值产生于外部人物角色/品牌促使你发挥想象力，思考何为可以接受的，何为不可接受的。

我为那些寻求更大发展的客户设计智囊团格局，例如，如果最大的挑战是关于改变英国办公室的健康行为，我将为智囊团纳入不同领域的专家，包括一名人类学家、一名社会心理学家、一名来自发展中国家研究行为变化课程的专家，当然还有一名建筑师，他擅长于设计促使大家进行有效交流的空间。

"它吸引着我们近距离观察。"

每位专家被要求回顾在各自领域的经历及著作，并分享他们的观点和指示行动。虽然人类学家可能对这种办公室的环境没有多少感觉，但是他/她一定对其他环境中关于健康的行为变化有很多经验。相比之下，建筑师对该办公室环境的本质有着独到的见解，了解该环境内的交流和行为变化。

意义在于此：我们总是对努力研究的现象靠的太近。你会想象事情是如何发生的，如何影响它，你会被细枝末节和想象力蒙住了双眼。请借其他领域的知识和其他人的经历来提供一个全新的视角，从而快速形成一个"架构"。

放下手头的工作

同样地，打个比方，放下手头的工作——就像摩托罗拉管理团队所做的那样，转型为经营手机业务——可以创造认知空间，做出在行业内无法做出的想象，因为行业内对事情的发展总有一些默认的无法言明的假设。

我常常鼓励我的客户进行这样的脑力锻炼，把自己想象为一家初创企业的创始人，摆脱企业无法言明的、但又有重要意义的需求，无论它的过去怎样，无论企业文化是什么。那么，任何事情都可以手到擒来了。

将追求"行业经验"的市场营销人员与其顾问和供应商进行比较——如果你只了解其他每个人所了解的，那么你如何创新呢？比其他人了解更多或更少的知识——更重要的是，了解不同的东西。

了解模仿什么

模仿作为创新工具的部分价值在于我们模仿的对象和内容。如同进化经济学家萨姆·鲍尔斯（Sam Bowles）所说的那样：知道该模仿谁以及模仿什么，这是我们人类成功的关键所在。对于雇佣我们的组织机构也是同样的道理。

如果每个人都模仿理查德·布兰森（Richard Branson）或唐纳德·川普（Donald Trump），很显然，不会所有的人都获得成功。实际上，想象一下，如果许多人都留着相同的布兰森金发和独特耀眼的川普发型，那还真是可怕。而且，在任何情况下，剩下的布兰森叛逆者会相互竞争吗？

"部分价值一定来自稀缺性。"

因此模仿的一部分价值一定来源于我们模仿的人或物的稀缺价值。如果我们全都模仿一个人，那么价值几乎为零（如前所述），这不是我们想要的结果。

我们从另外两个角度来思考一下：成功与相关性。

"模仿成功历史悠久。"

各宗教总是鼓励其追随者学习一个理想的个体：在基督教传统中，效法基督（模仿基督）是一个永恒的主题。

从早期的教会神父如圣奥古斯丁（St Augustine）等将其看作是亚当罪过的一个重要救赎，再到后来中世纪后期天主教里里外外极端的版本——一方面，圣方济各（St Francis of Assisi）坚持身体上和精神上都要追随耶稣（他宣誓过安贫的生活）；另一方面，早期的新教神学家为天主教的奉香、圣歌和纸张都找到了新的代替——模仿圣经里的耶稣一直以来都被视为一种成功的生活。所有的宗教都利用故事和模范鼓励成功的生活（他们所界定的成功生活）。

我们一直口口相传（主要是讲给我们的孩子听）的童话故事和民间传说都蕴含相同的警告（小心森林、小心陌生的人或物、小心贪念）。正如小说家、批评家兼童话专家玛丽娜·沃纳（Marina Warner）所指出的：

"童话讲述的都是金钱、婚姻和人。它们就像地图和指引手册被传承了一代又一代，帮助人们生存下来。"

如何赢得朋友

在现代社会，我们喜欢复制成功：戴尔·卡内基先生（Dale Carneigie）的

《如何赢得朋友和影响他人》(*How to Win Friends and Influence People*)一书是第一本励志自助的畅销书,自从 1936 年出版以来,已经在全球发行了 1500 万册。

50 年后,史蒂夫·柯维(Steven Covey)的《高效能人士的七个习惯》(*7 Habits of Highly Effective People*)在更大发行规模的基础上实现了相同的效果——在全球各地售出了 2500 万册。

为什么会如此成功?因为这类书提供了成功人士的蓝图,任何人都可以模仿(至少理论上)并取得成功。

柯维大获成功后,不同领域涌现了一批关于"习惯"的书籍——无论它们见解如何,无论基于什么样的实际研究,其模式都是基于简单的规则描述而成功的。不仅是伟大的《基业长青》(*Built to Last*):远见性企业的成功习惯及成功销售人员的 25 个平凡的销售习惯,还有针对特定性别的《成功女人所见不同》(*Successful Women Think Differently*):9 个习惯使你越来越幸福、健康、灵活,或者很明显从此书衍生而来的《成功瘦身的 7 个习惯》(*7 Habits of Successful Slimmers*)。

> **"模仿成功仍应当仁不让。"**

互联网、博客和社交媒体的产生已加强了这一趋势——各类成功"纷至沓来"。《未来内容创作的十大诀窍》《使你的视频过滤病毒的五大规则》《驱动流量跑向你的博客的 20 种方式》,这些文章标题都是有趣的"链接诱饵"。

你自己试一下:在谷歌里输入"成功习惯",然后标出职业、技能或爱好,看一看会搜出多少博文和文章。模仿成功当是义不容辞的事情。

关于案例

现在,"案例"横行天下,它渗透到了企业管理书籍和商务会话的方方面面。这似乎是大势所趋。

案例的使用是如此有效，不仅是因为它是一种成功的讲故事的手段（我们都使用例子来讲述我们的故事，从马尔科姆·格拉德威尔（Malcolm Gladwell）到此处我们自己的工作），不是因为它看起来具有"科学性"（案例太神奇了，它可以帮助阐释原则或提供难以忘怀的精神支柱，或者栩栩如生地说明一个极其抽象的现象，但是案例对于经验科学非常糟糕——案例关注的是个体例子，而不是从多个例子中的概况形成的知识）。

不，案例一直受到欢迎，因为它们也提供模仿的模板。我们为何不像他们那样做呢？我们为什么不直接效仿他们？这就是绝大多数人眼中"案例"的含义。

然而，当今世界选择太多，需要筛选，我们能以火眼金睛识别出真正的成功吗？我们如何将昙花一现的成功和长盛不衰的成功区分开来？

在回答上述问题之前，请从长远考虑以下问题。

- 哪些策略仅仅与成功有关，哪些策略有因果联系？

- 哪些一定会带来成功，哪些只是偶然有效？

- 哪些可以解决哪类问题？各自适合什么环境？

恰到好处

有人有理有序、条理分明，而有人则不然。和我一起钓鱼的伙伴乔恩属于前者，我则是后者。乔恩的装备包整洁、有序、毫无多余的线、鱼钩或小配件，我们在湖边逗留期间他一直保持这样。而我的包则是一团乱——以至于乔恩每次来找我借用东西时，我都感觉到他的不安和焦虑与日俱增，我们俩都非常清楚应该整理整理。

同样地，我家里的工具包（里面有锤子、钻头等工具）摆得到处都有，然而我岳父的工具包却整齐地挂在墙上，并且按大小和功能进行了分类，每件工具都放在合适的钩子上——并不是说他在墙上列出了大概说明，而是在我看来那么一丝不苟、令人不安。

除个人风格外，条理分明的方法可以帮助你更轻松地找到你要寻找的东西：为一项工作选择合适的工具，而不是离你最近的工具——或者你最喜欢的工具。

"所需的正是更易用的资源。"

工具包整洁的好处

这点也适用于行为变革和市场营销战略：尽管在过去几年，行为经济学家为我们创造了不可思议的价值，然而我们的工具包还是笨拙不堪。不仅是大量"认知偏见"——那些解释我们每个人为什么会做奇怪事情的人类认知的偏执和怪癖——在这个星球上仍处于正统地位。我们的朋友罗里·桑泽兰德（Rory Sutherland）习惯于挥着手激情澎湃地演讲，描述 140 种不同的偏见，直到发现其他的偏见（然后他的胳膊开始酸痛）。

如果你已经准备好迎接挑战，你当然可以使用这些或类似的策略资源，但是我们发现极少有行为变革或市场营销战略家愿意付出这样的努力，而愿意这样做的多面手就更少了。

你需要的是更容易使用的资源：依据他们尝试变革的行为类型，用一种更简单的方式概括成功策略的案例。

"何类事情"之类的事情

我在引言部分介绍过独一无二的专横：我们趋向于将每种情况都当作独一无二的，因此，应对每件事情，不仅要求娴熟的技能和专业知识，而且需要独特的解决方案。

这既讨好了问题责任人（"过去谁也没有碰到过如此困难的问题，所以，如果你能解决该问题，那么你就成为古今第一人"等），又讨好了在策略上迷失的决策者（"只有最聪明的头脑才能解决这一千古难题"），然而这并不是事实。

即使这是真的，这种想法也毫无裨益。这会使问题看起来真的困难异常或者难以攻克。

事实上，绝大多数事情都和其他事情是相似的——它们肯定看起来是这样：人类头脑发现事情之间的相似性和联系的能力是无穷尽的。

这就是暗喻和明喻在人类思维和交流中为何如此重要的原因。

何类事情

不，把事情"归类"是人类所专有的能力。

世界知名的行为专家、作家兼孤独症人士天宝·格兰丁（Temple Grandin）以精彩的笔触介绍了动物和孤独症人士（他们）及神经正常的人（我们）分别是如何感知这个世界的——他们看到的是每个细节，而我们的大脑在细节离开枕叶区之前就对其进行分类。他们看到一块锡箔纸在阳光下闪闪发光，就会继续观察；我们看到它在闪烁，就会开始解读，认为这是一块锡箔纸，然后就不再理会它了。就是这种一块锡箔纸之类的事情。

神经学家安东尼奥·达玛西欧（Antonio Damasio）在其著作（如《笛卡尔的错误》）中，把许多现代的真知灼见都通俗化了，以解释大脑是如何运作的。他描述两个普通人走过森林看到貌似蛇的东西时的不同反应，以此来说明问题。

拥有"何类"机制的人是会为了将来某一天能够战斗/狩猎而逃跑的人；而没有该机制的人则会展开调查，接着被咬，然后死掉。

模棱两可在许多情况下都比准确无误有用得多。

因此，下一章将探索我们的简单分类地图，帮助你理清处理的是哪类事情，然后再灵活选用策略（准确地说，模仿什么）。

结论

复制只会保持事物原样（差的模仿）。

或者，模仿可以改变事物，创造新的、不同的想法（优秀的模仿）。

优秀的模仿喜欢误差和变化——这才是核心价值，复制则没有这种价值。

优秀的模仿是灵活的，而非刻板的。

优秀的模仿不拘一格，而非约束受限。

优秀的模仿喜欢反反复复。

优秀的模仿寻求修复残缺不全的事物。

最后，优秀的模仿会提出各种（"何类"的）问题。

"我一直喜欢画画：画画时你观察事物会更专注。"

——亨利·摩尔（Henry Moore）

本章主要涵盖如下内容。

了解你面对的问题是解决你应该从何处开始模仿的最重要的一步——模仿什么合适。

因此，本章将为行为绘制示意图，真正帮助你揭开谜底。

该方法是基于我同事艾利克斯·本特利〔Alex Bentley〕教授和我在 2007 年所绘的示意图，并且我们在许多文章以及 2011 年的《盗言窃行》一书中都描述过。

你要学会的是如何自己绘图，并在绘图过程中思考你应对的是"何类事情"——你致力于改变的是"何类事情"。

下面是一些关于绘画和思维的想法，我们由此开始。

准备好纸笔，我们开始步入正题。

WHAT

3

第三章

"何类事情"：地图与绘图

你致力于改变的是何类事情？

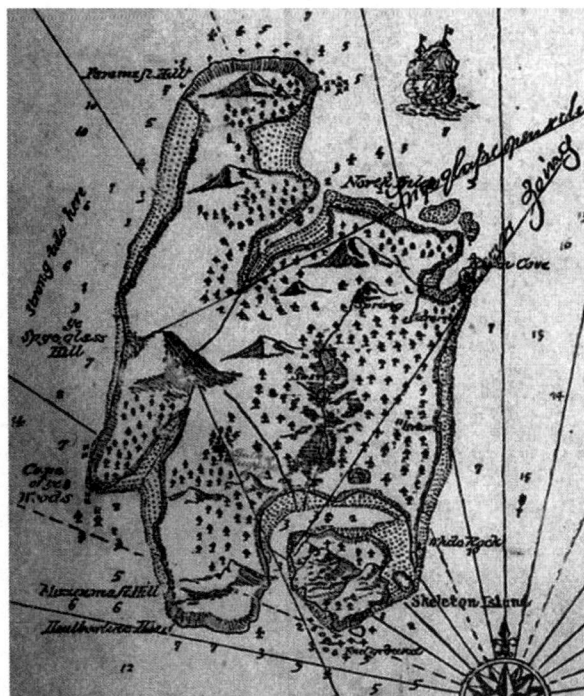

史蒂文森（Stevenson）的原图
来源：http://upload.wikimedia.org/wikipedia/commons/c/c6/Treasure-island-map.jpg.

绘画即思考

　　1880 年夏天一个潮湿的下午，新婚的罗伯特 · 路易斯 · 史蒂文森（Robert Louis Stevenson）开始勾勒一座虚构的岛屿地图，以供他和他的养子娱乐。那草草几笔后来成为他所有作品中流传最广的代表作。

　　"我全神贯注地绘制'金银岛'的地图时，书中未来人物的面孔从地图上的森林中呼之欲出；他们脸庞黝黑，手执明晃晃的武器，不知从什么地方突然浮现在我脑海里，他们在这几平方英寸的平面图上为探宝而厮杀搏斗、来回奔走。"[43]

　　他继续画着，有波涛汹涌的大海，巍峨神秘的高山，还有微波荡漾的小河，潺潺流动的小溪，整座小岛在他脑海中变得栩栩如生；一部经典的海盗传奇小说很快就问世了——这是一本儿童故事书，我们对海盗的印象，他们的样貌、仪式及那个世界的特点大多来自于此。史蒂文森就像走火入魔一样，全身心扑到该小说的创作中，每天写一章，晚上读给其他人听。不久，《船上的厨师》（他又称之为《朗 · 约翰 · 斯尔维尔之传奇》（Long John Silver））出版面世了。当然，我们更熟知的是他给那张地图上的小岛起的名字——金银岛。

DUCO ERGO SUM[44]

　　地图与地图绘制自古以来都与文学创作和故事流传有着很深的渊源。从借助地图讲述游历见闻的古代游客，到在作品中创造新世界的现代小说家，莫不如此。英语奇幻小说之父是托尔金（JRR Tolkien）与刘易斯（CS Lewis），两人从孩提时代起便开始绘制幻想地图（这和史蒂文森及其养子在那个阴雨绵绵的午后所做的如出一辙）。有趣的是，他们两人对著名的插画家波琳 · 拜恩斯（Pauline Baynes）在其早期版本里所绘的地图都给予了创造性的反馈。时光流逝，作家和插画家的作品交织在一起，两位作家都承认他们通过这位插画家的眼睛看到了他们的世界和人物。

"绘画让我们看到万物的息息相通。"

视觉再现万物、想法及其之间的关系可以让我们了解现实世界中万物之间的联系——不仅是时空上的联系。心理学家史迪芬·平克（Steven Pinker）认为这是人类特有的品质。

> "认知心理学已表明，当事实交织成为一个概念架构，如叙述、心理地图或直觉故事时，大脑最了解事实。脑海中杂乱无章的事实就像网页上毫无关联的页码：它们或许根本不存在。"[45]

未画出的万物"或许根本不存在"是一个有趣的洞见：从这个意义上来说，你未写下和/或画出的想法和创意会渐行渐远，直至消失在脑海中。总之，无法触摸到的东西就不会存留在记忆中。

漫画家罗伯特·克鲁伯（Robert Crumb）如此说道："画画之于我，就是诠释我内心无法言喻的东西。"

"绘出你的想法，至此，你才真正经过了深思熟虑。"

同样地，约翰·V·威谢尔（John V Willshire）（他发明了图卡，本书采用了该方法，他也为本书画了很多插图）坚持认为，"你把你的想法画下来并给其他人展示，这样才能深度思考这个想法"。我和同事们说服我们的客户经常这样做。

理查德·桑内特（Richard Sennet）在《手艺人》（*The Craftsman*）中对"绘画思维"的有形性质表达了同样的看法，他引用一个年轻的麻省理工学院的建筑师的话说：

> "你准备绘制一个地方时，你会画上蜿蜒的路线和葱茏的树木，这在你的脑海里已是根深蒂固。你开始以计算机所无法实现的方式了解这个地方……你不断去拜访这个地方，不断熟悉它，而不是让计算机不断为你'重新生成'。"[46]

德克萨斯州杰出的作家兼艺术家奥斯丁·克莱恩（Austin Kleon）（他凭借其代表作《像艺术家一样偷窃》（*Steal Like an Artist*）[47]而声名鹊起）在他的工

作空间实践了这一想法。他有两个办公桌：一个是常规办公桌（上面摆放着钢笔、铅笔、墨水、颜料和纸张），另外一个是数字化的（上面放着笔记本电脑等）。他说前者是"我创作的地方"；后者是"我编辑、发布的地方"[48]。一个办公桌的作用是思考即创作；另一个的作用是将具体作品带到现实世界中。

"值得假设：绘图是一种思维方式。"

我们在作品中常常回归这一真理：绘画作为一种思维模式的重要性，而不是作为思维的一种补充或事后的想法。绘画与思维一脉相通。事实上，在许多重要方面，都值得做出绘画即思维的假设。

我们得明确一点，我的意思并不是说你必须成为一名艺术家才能仔细思考——绝非如此。我是说画出事物之间千丝万缕的联系可以促使你更努力的思考。任何人都可以做到这一点（这句话出自我这个 14 岁时被赶出美术课堂的人之口）。

接下来是历史上的两个例子，关于绘画是如何使思维更透彻、更清晰、更具有影响力的——更实用、更有用。

MAPPING SOHO

1854 年，正值盛夏，伦敦在 20 年中第三次爆发霍乱。这次，仅仅几个星期后，10 000 多人死于严重腹泻、呕吐和过度脱水等综合症状。今天，我们认为霍乱是发展中世界的一种主要疾病。然而在 19 世纪早期，霍乱从孟加拉快速传播到巴尔地摩及两地之间的所有区域，导致人人心惊胆战。尤其是一个半世纪之前，霍乱常常都是致命的。单是俄罗斯一个国家，在 1847 年和 1851 年之间就有 100 多万人死于霍乱。霍乱四处蔓延——现代交通基础设施的迅速发展加快了霍乱的传播，致使该疾病从亚洲传播到欧洲再到新世界——使成千上万的人命丧于此，而人们却束手无策。

它好像潜伏在昏暗、潮湿、危险的地方，随时都会从阴影中伸出魔爪，瞬间夺去年老和年幼的生命，事前没有任何预警，当时看起来是这样（当时现代流行病学毕竟正处于早期发展阶段）。当时对霍乱起因的医学主流意见是空气传染——源自"空气污染"或"夜晚空气"（因此，该疾病在意大利被称之为"疟疾"）。人们认为空气中有机质分解会带来各种疾病，包括霍乱和瘟疫，其分解产生的蒸汽或薄雾就是"瘴气"（希腊语中"空气污染"的意思）。

然而，并不是每个人都认同这一观点。在伦敦苏活区（Soho），约翰·斯诺医生尤其不接受。他与当地的亨利·怀特海德教士一起收集所有感染案例的数据，并锁定布劳德大街（现为布老维克大街）的公用抽水机，绘出了该区域的地图。

"我发现几乎所有死亡人数都集中在布劳德大街的公用抽水机周围。很明显，其他大街公用抽水机周围的死亡人数只有 10 例。在有家人因感染霍乱而去世的家庭中，20% 告诉我他们总是饮用布劳德大街公用抽水机里的水，因为和其他较近的公用抽水机里的水比较起来，他们更喜欢饮用这里的水……关于这个区域饮用该公用抽水机的死亡人数中，我得知，有 61 人过去常常饮用布劳德大街公用抽水机的水，有的一直饮用，有的是偶尔使用……该调查的结果就是，霍乱在伦敦该区域没有特别爆发或特别的发病率，习惯饮用上述抽水机里的水的人除外。"[49]

我们大部分人都未意识到，我们身边街道的历史已淹没在历史长河中。

璀璨的夏夜时光，约翰·斯诺酒吧（现为"布劳德大街"，而非"布老维克大街"）外面的人行道上聚会狂欢依旧，然而没有人注意到对面古老的铁质公用抽水机；没有人可以讲述这个救死扶伤的故事，甚至更没有人认识到斯诺工作的重要性。他拯救了数百万生命，甚至今天仍在救治发展中国家的人们。*

斯诺认为霍乱是由于水源而传播的，而不是"空气污染"导致的。

---

*有些本地人喝啤酒时会开玩笑说饮用苏活的水很危险；极少有人知道，当地修道院的修道士躲过了 1854 年霍乱这一劫，因为他们喝自己酿的啤酒。似乎是发酵杀死了霍乱。

斯诺本人也承认他分析的局限性——病例细节的局限性（他的数据库中没有统计离开该区域的那些人）以及病例整体的局限性（很多年以后科学上才出现微生物学，该学科可以最终消灭"空气污染"瘴气理论）。

这就是说，他的调查产生了直接影响——斯诺报告刊登 24 小时内，教区的公职人员就拆除了"罪魁祸首"，即布劳德大街的公用抽水机。而随后的挖掘证明斯诺的细节调查是多么正确——就在距该抽水机数英尺处，挖掘者发现了一个渗漏的污水坑污染了清洁的饮用水。这种以证据为基础的方法为许多公共卫生问题的研究树立了典范。

"像这样画出来可以真正帮助弄清我们可能忽视的东西。"

我们认为此处的重要意义是，像这样画出来可以真正帮助弄清我们可能忽视的东西——帮助我们发现事情之间无形的联系。当然，还有其他地方可以去探索——细微差别和细节——但是，利用一个地图展现现象，可以帮助你为你的读者或其他任何人解释你的想法。

护士，护士万岁！

弗洛伦斯·南丁格尔（Florence Nightingale）是帝国时代的伟大人物之一，她被称为"提灯女神""病房里的天使"。她也是和斯诺同时代的人。她画出了显示死亡原因的引人注目的图，同样为医学做出了巨大贡献：她认为，作为一名护士，她给伤员和临终人员带去的不应仅仅是救助和安慰，更重要的是为医学做出伟大的、历史长青的贡献。

在克里米亚战争爆发时，勇敢无畏的南丁格尔设法请作战部长乔治·赫伯特（George Herbert）允许她率领 38 名受过培训的英国护士赴战地救护，尽管她父母极力反对。她在斯库台（Scutari）医院学习的知识，再加上她与当局的沟通，永远改善了军事和医疗实践。

她的题为《影响英国军队健康、效率和医院管理的注意事项》的报告发表于 1858 年，该报告大胆揭露了医院和医院护理在士兵复原过程中产生的极大的负面影响，这给军事和医疗机构无情一击，包括她自己。

准确来说，该报告是一个两极区域图表：中极表示某年 12 个月内每个月的医疗数据。某一块的区域面积越大，表示伤亡人数越多。这个简单明了的图表的闪光之处在于，它也表明在每个月的伤亡分段内，有多少人死于战场创伤，多少人死于疾病或其他原因。一眼看去，此报告清晰表明俄罗斯人及其盟军在这些医院死亡人数最少：真正的敌人是患者彼此传播的疾病——霍乱、斑疹伤寒和痢疾。

"斯诺和弗洛伦斯都用图示而不是数据进行交流。"

南丁格尔的图表奏效了，因为它明确了事物之间的关系，使读者一目了然；而斯诺的工作——虽然复杂度不同——也的确对一个复杂且几乎无法理解的现象进行了精确说明。两位都用数据来呈现视觉效果，确保其思维合理，但他们用图示而非数据本身来传达其意义。

DIAGRAM OF THE CAUSES OF MORTALITY

IN THE ARMY IN THE EAST.

1.
APRIL 1854 TO MARCH 1855.

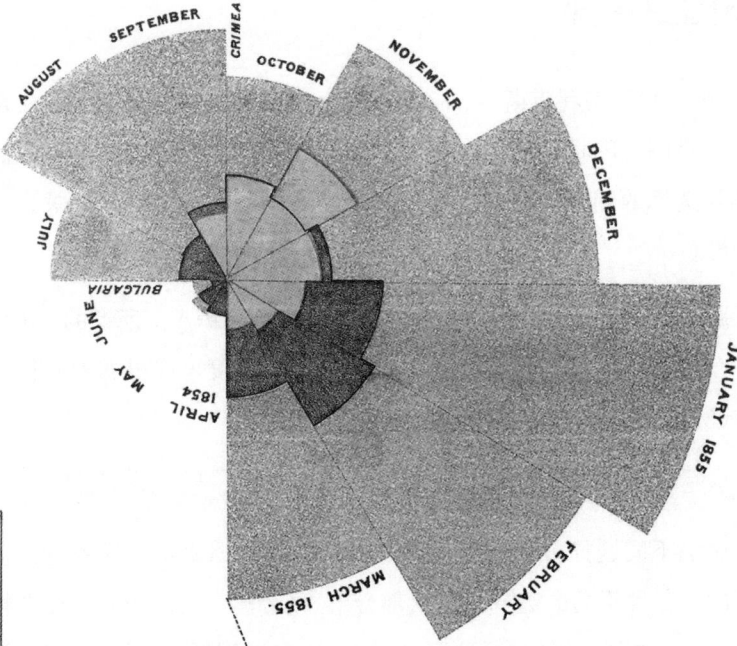

2.
APRIL 1855 TO MARCH 1856.

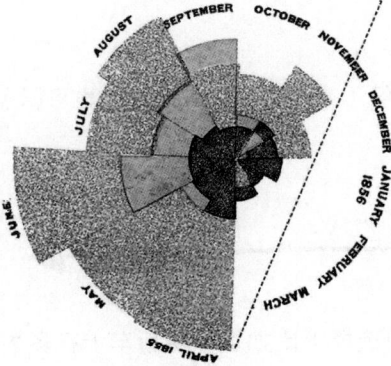

The Areas of the blue, red, & black wedges are each measured from the centre as the common vertex.

The blue wedges measured from the centre of the circle represent area for area the deaths from Preventible or Mitigable Zymotic diseases; the red wedges measured from the centre the deaths from wounds; & the black wedges measured from the centre the deaths from all other causes.

The black line across the red triangle in Nov.r 1854 marks the boundary of the deaths from all other causes during the month.

In October 1854, & April 1855, the black area coincides with the red; in January & February 1856, the blue coincides with the black.

The entire areas may be compared by following the blue, the red & the black lines enclosing them.

东部区域军队减员之原因

回归英国卫生部

2007 年，我和艾利克斯 · 本特利（Alex Bentley）代表英国卫生部开展了广泛分析，我们试图将分析得出的见解集合在一起，并通过绘出一个简单的表示人们如何选择的图示，表明数据中形成图案的各种行为之间的关系，即相似性和差异性。

这不是描述每个个体行为的图示——不是市场营销人员所谓的"市场细分"，即根据一个群体中个体对特定问题或分类的不同态度，或根据购买行为或财力等对个体进行的分类。

> **"不同选择方式的图示。"**

不，这是不同选择方式的图示——根据行为数据集中发现的特征模式（请阅读下面的"四种不同的选择风格"部分），区分一个特定时间下一个特定市场或群体的行为。当然，我们也可以在其他层面更详细地描述行为：绘出该图示的意义是抛砖引玉，帮助战略家快速且满怀信心地提出更博大的问题，如"何类事情"。

我们只是给出了基本架构，你可以由此开始探索该图示的每一部分，使之更为有效。

自己动手画起来

做这个练习，你需要一支笔和一张纸（或者人工制成的卡片也可以）。

首先，画一条横坐标轴（从左到右）：

你画的这张图的维度代表所做出的选择（比如买一辆新车）在多大程度上受到独立决策的影响（个体的思考过程，如果你喜欢思考），又在多大程度上受

到他人选择或建议或其他社会因素的影响（人与人之间交流的过程）。

现在可以在该轴两端贴上"独立的"和"社会的"标签：

独立的 ←——————————————————→ 社会的

社会因素带来的影响超出我们的想象——即人与人之间交流的影响。我们给孩子起的名字、我们穿的衣服、我们剪的发型、我们选择居住的地方（这是城市发展的方式），我们对魅力和公平的看法——甚至我们在民主选举中所投的票。然而，直到最近，这一点才被接受：人类行为的绝大多数模式主要锁定在该图的"独立的"一端——即个人的思考过程。[50]

我们可以看到，许多"常识"、甚至人类行为的许多新模式都轻视了社会因素的重要性。

现在轮到纵轴了。沿着纸画一条垂直的线，将横轴切分为两部分。在纵轴两端分别贴上"知情的"和"不知情的"，如下图所示。

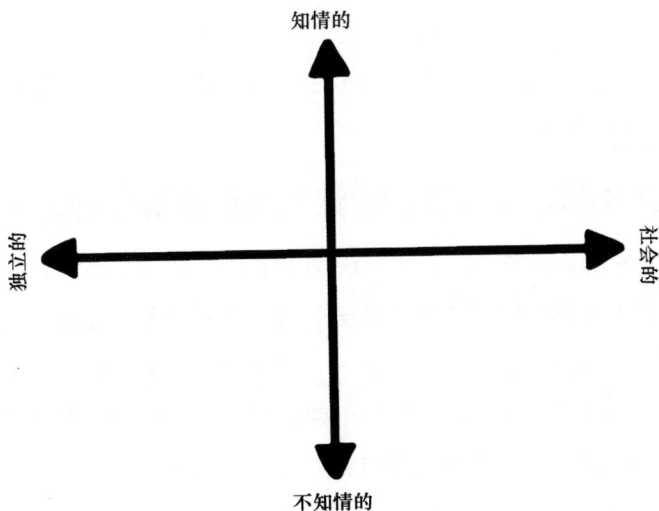

知情的

独立的 ←——————+——————→ 社会的

不知情的

思考一下独角滑稽秀演员艾迪·伊扎德（Eddie Izzard）的日常短剧"蛋糕还是死亡？"[51] 在该滑稽短剧中，伊扎德强调生活中的一些选择其实非常简单，因为非常明显，而且只有两个选择（所以是"蛋糕还是死亡？"），你就可以好好体会上面的维度了。直到最近，经济学和心理学中的许多思考方式只涉及了这些类型的决策（容易调查和建模的决策）。

然而，我们大多数人在大多数时间里，在社会学家称之为"决策环境"中，面临选择的数量是大相径庭的。

在英国，平均每家百货店都有超过 40 000 多件商品（或"库存单元"），而纽约肯尼迪机场的沃尔玛则有将近 100 000 件商品。

音乐流媒体服务网站 Spotify 拥有 600 多万首音乐作品；苹果音乐商店则有 2600 多万首音乐作品。

欧洲笔记本电脑市场平均有超过 3500 件库存单元，还有成千上万的家庭保险产品，特性繁多，可以进行比较和对比——如此多的种类让人眼花缭乱，因此出现了专门从事该服务的企业，为你提供对比多方面产品和产品服务的方式，无需你费任何脑力。

在谈恋爱方面，你也许会想，在网上约会可能会更容易找到你的真命天子/天女——因为网络为我们提供的潜在的生命伴侣比我们一生遇到的都多——然而，这会让我们的选择更容易吗？

"人类根本不像我们自认为的那样爱思考……"

如果说我们从最近货币的行为经济学（BE）中学到了点儿什么的话，那就是我们人类根本不像我们（古典经济学）对外宣扬的那样爱思考。事实上，我们来解释一下行为经济学之父丹尼尔·考夫曼（Daniel Kahnemann）的观点，人类之于思考就像猫之于游泳（被逼无奈时我们也能做到，但是能不做就尽量不做……）。虽然更多选择等同于更佳选择已成为现代生活的核心原则，但是科学却给出了不同的观点：更多选择，更难选择。

四种不同的选择风格

现在拿出一张纸来，在每个象限都按下图做上标记：

这张简单图的重要作用就是帮助我们将不同种类的行为绘在一起，然后看一看它们之间的联系和相似性（这些行为是否是消费者购买模式及我们对这个世界仁者见仁、智者见智的看法）。然而，最重要的是，它帮助我们将一件事情看作一类事情的代表。作为"何类事情"……

我们快速看一下……

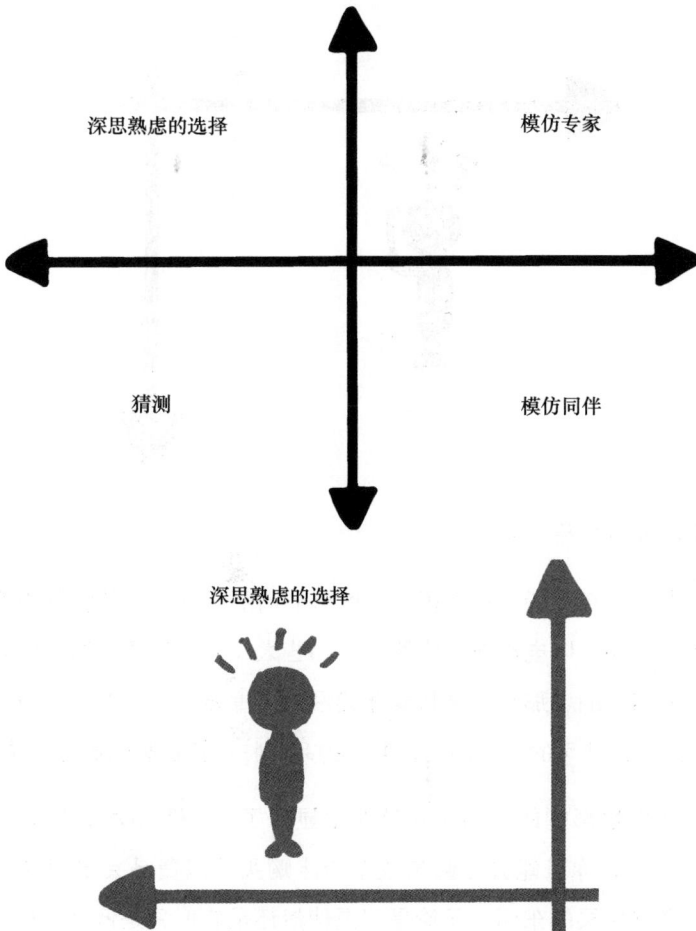

深思熟虑的选择　　　　　模仿专家

猜测　　　　　模仿同伴

深思熟虑的选择

西北象限表示的是一般被称之为"深思熟虑的"或"合理的"选择（古典经济学家的说法）。

换句话说，该选择有两个关键特点：首先，个体独立选择；其次，被选中的事物的品质（行话是"实用性"）是至关重要的。

对于"深思熟虑的"选择，事物本身至关重要。许多生产企业或技术企业将该模式设为默认设置——他们希望其"优势"为决定因素。Vinyl junkies 音像店的人自认为这就是他们目前所做的，他们从专业音乐商店千挑万选，只为找寻那首特别的歌曲。

猜测

西南象限表示的是"猜测"。

这里所做的选择一般是在许多不易区分的商品之间进行的，其中商品质量基本都是可以接受的。以电视市场为例——那些大尺寸、超薄、黑屏的电视，其功能和按钮都是相同的。那么，事物本身就没那么重要了——市场上所有可选商品的质量都是获得认可的——因此，商品的品牌特性就是影响选择的决定因素。

受习惯和惯性影响的行为也在该图中显示了——事物本身没有轻松选择重要。这就是为什么你可能会在超市或杂货店购买的消费品会出现在该图中：这些都是我们经常会买的东西，无论是习惯使然还是它们只是低水平的认知行为。

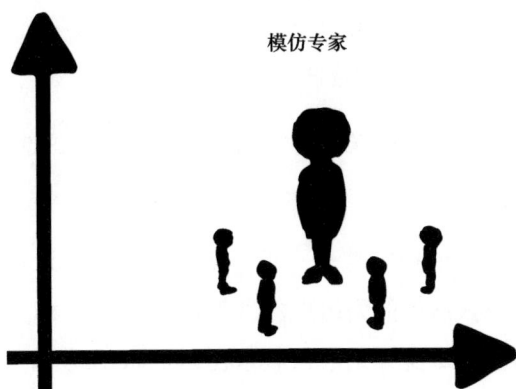

模仿专家

相比之下，东北象限代表专家推荐或效法权威人士所做出的选择。

因此，被选中的事物的质量可能重要，也可能不重要。但是无论怎样，专家及其他拥有一定社会地位的人的行为、热情和建议对个体做出选择有决定性的影响。这种选择一般是面向高端技术市场的，如半专业相机或专业录音设备——这些确实是需要专家指导你进行选择的领域。所有崭露头角的摇滚乐手都可以认出马歇尔（Marshall）扩音器——虽然市场上还有许多其他吉他扩音器品牌（我们乐队 The Big Shorts 就是一个混合家族，用什么品牌的都有），如果你选马歇尔，没有吉他手会质疑你的选择。吉米 · 佩奇（Jimmy Page）和大卫 · 吉尔莫（Dave Gilmour）等吉他英雄／专家都选择马歇尔，它绝不会差的，是吗？

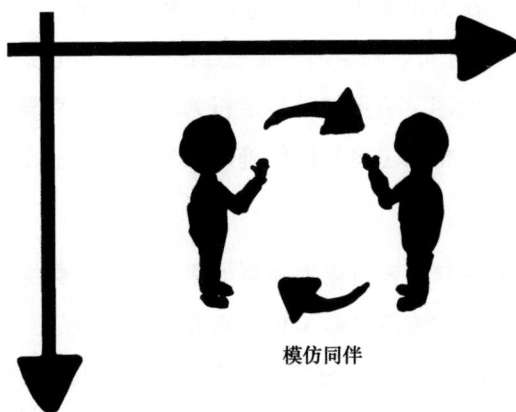

模仿同伴

最后，从东南象限，我们看到个体做选择时可能会咨询周围人，但这种咨询不够直接和专注。其他人的实践产生的影响非常重要。

由于这种模仿不是专注于某个特定的人，慢慢地，这造成流行的不稳定性和不可预测性。

苹果公司尤其善于流行策略——想一下与苹果音乐设备配套的白色耳机。直到最近，这些耳机依然不能为用户提供美妙的音乐品质，但是苹果设备在市场上流行甚广，虽然其本身并未经常展示在外（如 mp3 播放器），这些耳机就成为了一种标志。

你如何在这张图上定位行为？

对于那些更习惯定量架构的人来说，该图背后的数据模式对于确定一个特定行为或选择的位置特别有帮助——这里的数据非常有用，你不需要仅靠你自己（及其同事）的假设和预想的意见了。

绘出东西维度

你或许记得我们在讨论模仿如何使事物传播时所画的简单的扩散曲线（请见"iSpread"小节）。你可以利用那些曲线绘出一个特定品牌或产品是如何慢慢通过一个群体而传播的图。采用某种特定行为的"标新立异的"或单独个体的数量（与所有采用者都相关）将帮助你确定把这一行为放在图的西部还是东部象限。

在实践中，我们趋向于在市场上或群体级别的行为数据上使用略微不同的图形结构——如销售数字或点击数（相当重要的原因是研究每一个单独的产品或选择非常耗时）。我们只需绘出任何时间每个选择的受欢迎情况——每个选择占整体市场的比例是多少。

独立的 ⟵⟶ 社会的

大众化短尾效应

销售

排名

大众化长尾效应

销售

排名

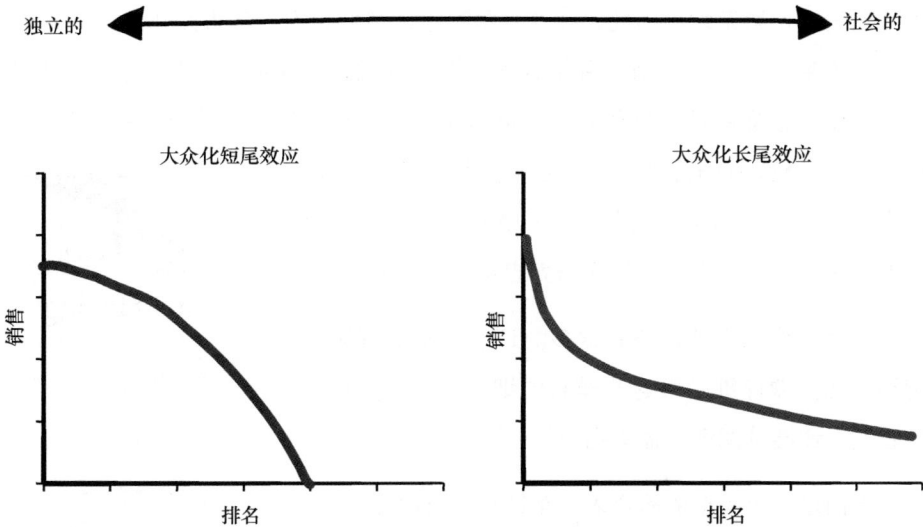

如果（如你所见的右边的曲线）你看到出现大众化长尾效应（极少数商品占领市场范围很小，绝大多数商品几乎占据所有市场），这是行为受到社会影响和模仿的强烈信号；与此相反，你看到的是更多独立选择（大众化短尾效应）。

绘出南北维度

该维度凸显了一个重要见解，现已被行为学家和认知学家广泛接受：我们所做的绝大多数选择都不是二维的或简单的 A、B 或 C。绝大多数决策环境都面临许多选择——选择多得常常令人眼花缭乱。

请这样思考：普通超市的选择如潮水般涌向你——40 000/50 000 件或更多个人产品。将此与我们父母年代的家庭经营的街角商店相比较。这值得我们从选择数量方面绘出行为图——了解到欧洲一般笔记本电脑市场拥有 3500 个库存单元（SKV）可以选择，就可以知道该图属于南边的维度。

然而，有时只靠计算选择来划分维度还是不够的。以酒精类饮料为例：有些品牌总是座上最爱——而新品牌很久才能获得市场认可。威士忌以此博得天下闻。

相比之下，伏特加却如青少年的狂欢派对一样喧嚣一时。新宠闯进来，瞬间又消失的无影无踪。因此，在这种情况下，我们也看一下大众化的周转速度，以此确定某个行为属于南北哪个维度。流行的潮汐更能简洁地告诉我们一些东西，比本周谁受欢迎更重要：这表明该市场属于南维度。认识到这是市场中默认的选择风格，就凸显出了个体差异。就伏特加而言，它帮助区分忠实品牌的消费者和一次性消费者。这反过来可能会给你带来一些如何培养忠实消费者的想法。

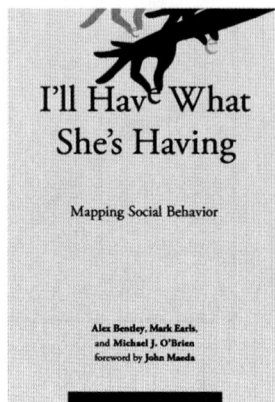

I'll Have What
She's Having

Mapping Social Behavior

Alex Bentley, Mark Earls,
and Michael J. O'Brien
foreword by John Maeda

当然，除此之外，还有很多。还有更多的细微差别和技巧。欲详细了解这些模式的细节，以及如何区分它们，请尝试阅读《盗言窃行》。[52]

下面是一个简单的检查表，帮助你划分维度。

- 人们是从少量商品中选择还是听从专家建议或效仿专家的选择？（北维度）

- 是否有很多选择？是否很难区分质量或专长？是不是有很多优秀的选择？（南维度）

- 人们是根据商品质量选择的吗（还是品牌特性）？（西维度）

- 或者，人们的选择是否受到他人选择的影响？（东维度）

- 产品名副其实吗？（西北维度）

- 习惯、品牌特性或价格有影响吗？（西南维度）

- 受欢迎的、流行的就都是好的吗？（东南维度）

- 专家、权威人士及传统是你做出选择的必备因素吗？（东北维度）

测试时间

我们来看一下我是否解释透彻了。

我们回到你之前画的那张简单的图（请看下页）。

现在请你分辨下列行为应属于哪个维度（如果你真的画了图并且写下了每个行为的数量，那它真的有用）。

♪♪ 流行音乐：我们购买或下载的音乐。

$ 慈善捐赠。

🚗 汽车保险。

🫧 除臭剂类型（气雾剂、滚抹式除臭剂、粘贴式除臭剂、液体式除臭剂等）。

🥛 酒精饮料

不允许偷看啊。

可以了，看一下你做得怎么样？

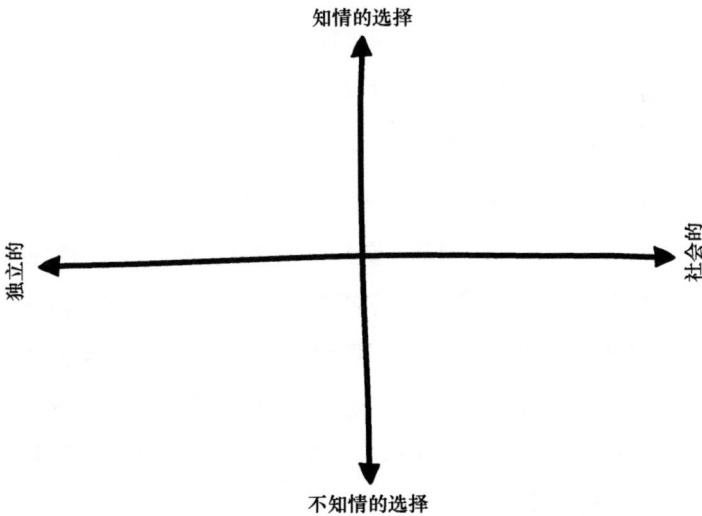

知情的选择

独立的   社会的

不知情的选择

1. 流行音乐

我是一名终生音乐极客，我认为音乐本身至关重要——好的音乐最终都会受到认可。这就是说流行音乐属于西北维度，是经深思熟虑的选择。

令人遗憾的是，邓肯·沃茨（Duncan Watts）、马特·萨尔甘尼克和彼得·杜德斯[53]等研究人员的实验证据，以及销售图表的模式都强烈表明，流行音乐属于东南维度——知名度对于一名艺术家来说要比其才能或音乐品质更重要。

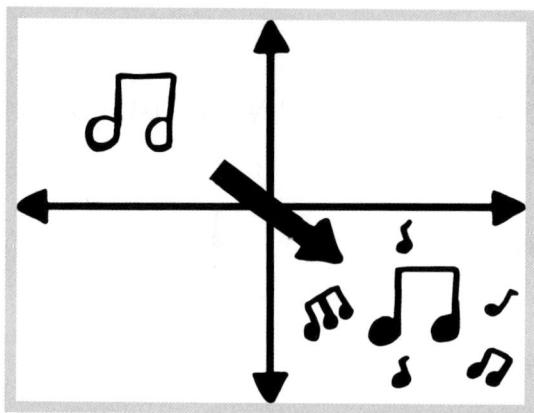

流行音乐是一个巨大的市场，选择繁多（Spotify网站上有600多万首歌曲，苹果音乐商店有2600多万首），可以理解，我们认为人们依靠其他人的选择来做决定。不是依靠哪一个人的选择（自封的音乐专家会让你这么认为），而是依靠一般情况下看上去流行的东西。

苏珊·波伊尔（Susan Boyle）有一副好嗓音，其经历悲惨，令人难忘，然而事实是她时来运转，几近问鼎《英国达人秀》（第三季）的冠军（她获得了第二名的好成绩），继而成为全球最著名的歌手之一。她之所以成名，是因为大家看到其他人热捧她，所以也都跟着买她的唱片——这是《英国达人秀》等选秀节目的前提。这也显示了西蒙·考威尔（Simon Cowell）的天才，他利用广播公司的钱来捧红和他公司签约的人，然后助其发行唱片，这还要归功于他人用钱堆砌带来的电视宣传。

2. 慈善捐赠

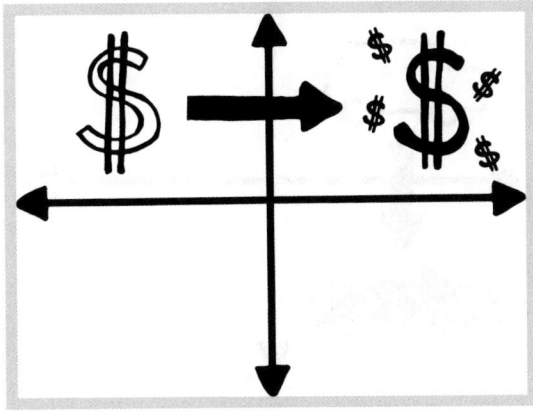

我们当然认为我们会选择与个人有关（例如，癌症研究中心）或与个人信仰密切相关的（如乐施会）慈善事业进行捐赠，然而数据表明，慈善捐赠在很大程度上属于东北维度：我们会从当局和文化规范的角度出发，考虑应该如何选择。例如，在美国，慈善募捐最大的接受者是与宗教有关的机构或实践——教堂、犹太会堂、小礼拜堂、庙宇、布道等。美国文化使然——好像每个人都会这么做。在有些文化中——例如，犹太文化、意大利天主教、亚洲和华尔街——募捐是一种社会性很强的、引起公众注意的事件（想一下慈善募捐在社交中是多么根深蒂固）。要想参加晚宴、驾车、烘焙会和酒会，必须首先募捐。

在美国排名第二的教育也是如此。如果你像艾利克斯・本特利（Alex Bentley）一样受过美国高等教育，你就会了解，首先你得是一名筹款人，其次你才是一名校友或毕业生。艾利克斯拥有美国三所不同大学的学位，因此是三个募捐组织的目标人。

当然，英国的偏好是不同的（我们是一个爱护动物的国度），但是模式是相同的：慈善归属于东北维度（"模仿专家"）。

排在最末的是可感知到的知名度，它固然重要（东南维度），然而，大部分筹款还是来源于效仿专家的行为（东北维度）。

3. 汽车保险

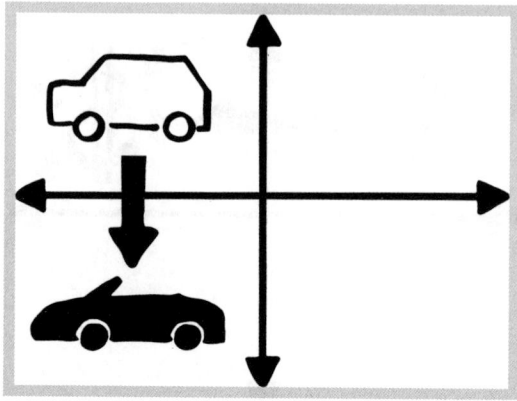

如果你最近购买了汽车保险，我们几乎可以肯定你做的不是"明智之选"——经济学家会说"良好的选择"。

我们相当肯定你没有咨询市场上的所有选择并互相比较——我们大部分人只是重续合约或者选择看起来还不错的方案。

你肯定也没有考虑你身边所有选择的方方面面。即使负责比较的网站给我们提供了一个短名单，我们大部分人依然会根据标题显示的价格（"这个看起来合理"）和熟悉度（"哦，我听说过这个"）以及其他人买后的合理化建议（"它们一直不错，是不是？"）进行选择。

保险——貌似是所有决策中最合理的，因为它关乎到钱——肯定属于西南维度（凭猜测做出的工作）。我们不会"认真算算"，是吧？有太多的东西需要考虑，有太多的选择——这太困难了。

4. 除臭剂

对于我们图示中出众的产品的作用，你可能会有些不解。迄今为止，没有一个象限突出描述产品，也没有产品及其特性能够对人们做出选择起到关键的作用。

购买除臭剂是令人安心的例外：至少除臭剂的各种形式是这样的（粘贴的、气雾剂、滚抹式的——除臭剂的品牌选择是不同的）。购买者都有名副其实的产品偏好——分析长期购买模式表明，人们开始使用后，这些偏好都是相当稳定的。

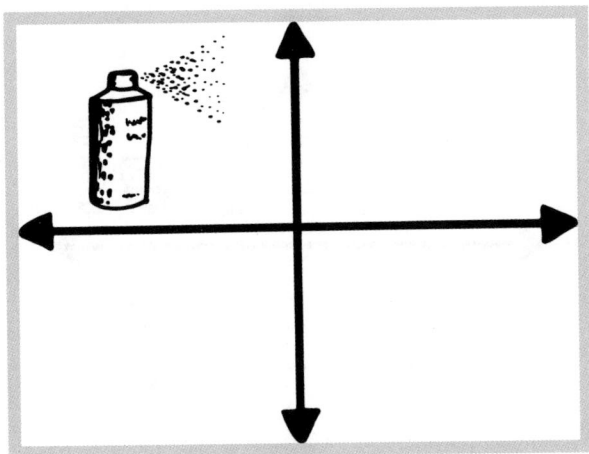

　　然而，联合利华、宝洁或高露洁公司个人产品团队的某个人每年都会灵光一现，认为应该将购买者从购买滚抹式除臭剂等低利润产品引导向购买高利润的气雾剂。遗憾的是，许多喜欢滚抹式或其他形式除臭剂的人会一直忠实于这个形式，而不会换成其他的。

　　有一些课程战略可以应对此问题——推销和定价对于消除主要的选择风格起着重要作用，但是，该策略并不那么稳定。

　　尽管这是许多人做出多数选择（像经济学家所说的，是否通过比较不同产品的用途，或者像心理学家所说的，通过"感受"情感所系或其他类似的）或实际上他们应该如何做决定（做出一个好的决策需要许多高水平认知行为，不是吗？）的默认假设，事实是，它没有我们想象的那么普遍。

5. 酒精饮料

　　从我们图上可以看出酒属于东部维度，由社会影响力塑造。"我要她点的酒"是广大饮酒人广泛使用的简略表达。

　　一些北欧文化素来喜欢饮用啤酒；其他文化，如法国文化，则素来喜饮用葡萄酒；另外的文化（如美国）则喜欢烈酒。酒精消费模式的长期变化也表现出和社会有关，这表明该行为深深植根于文化和其他传统实践中。例如，英国本地饮酒长期、缓慢的下降趋势也体现在我们图上的东北维度中。

我们饮什么酒也受到社会的影响：例如，朗姆酒是美国国父们最初饮用的，但是现在只有"环大西洋"——新英格兰海岸线——和迈阿密的少数拉美裔人才选择它。相比之下，龙舌兰酒在美国西南各州更受欢迎（那里拉美文化盛行），在其他地方则没有这么流行。

麦芽酒和威士忌的饮用显然属于东北维度——它蕴含一定的鉴赏力和知识。这与伏特加形成鲜明对照——人们普遍认为不喜欢酒精味道的人才会选择伏特加。选择伏特加就像选择流行音乐——位列西南维度的知名度才是真正重要的。极少数品牌打破惯例，成为特殊群体（东北维度）的社会标志，这是例外的情况。

此外，酗酒也与社会因素关系很大，无论其是否与生物遗传性有关：戒酒后一个人是否能不再酗酒、保持清醒的最大的预测指标是他们是否会重归"饮酒"社会网络。难怪 AA（嗜酒者互诫协会）与 12 步计划都强调通过指导和交流构建其他社会网络的重要性。

为我投票！

我们来看一下本章引言部分讨论的最后一个例子：

选举在该图上位列哪个维度呢？

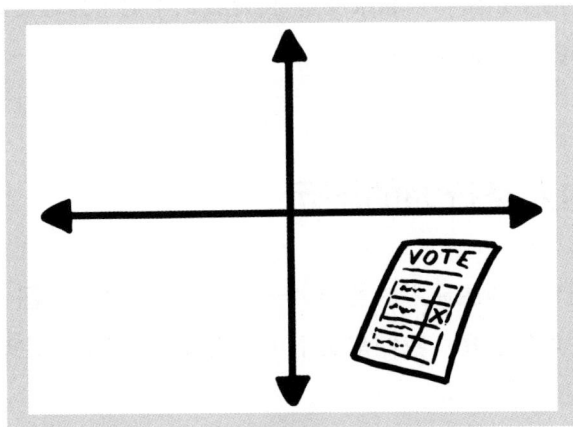

自己再画一张图（参考之前画的知情的 / 不知情的轴线图）。

选举是一个独立的选择吗，每个候选人的政策、业绩记录和人品都会由选民权衡——每位选民在独立做出决定前都会仔细考虑每位候选人和所有问题吗？

还是说选举会越来越社会化？人们选举依靠的是其种族规范（"和我一样的人"）或其"阶层"？

选民会由民意调查——市场研究的结果是什么、舆论报道其他人正在做什么或将要做什么主导吗？他们会关注社区积极分子或窗口和保险杠上的贴纸吗？他们会独立做出决定吗？他们的选择受周围人的影响吗？

虽然我们希望结果是前者，然而事实更倾向于后者——甚至英国和其他地方公众参与党派政策的积极性持续下滑很可能是一个社会现象，而非个别现象（如之前提到的交易中啤酒饮用的下滑）。

我们知道我们容易被他人的选择左右，正因为如此，我们竭尽全力避免这样的做法——禁止投票站泄露隐私，禁止选举后期的民意测验（例如，德国和印度），民调结束，所有投票被记入后，不得进行出口民调，禁止宗教群体和社区领导的"集体投票"。这就是为何我们依然喜欢良好的政治集会以及印有"为我投票"字样的襟章的原因（或脸书之类的）。

选举是社会的（东南和东北维度），但是我们不遗余力地使其变得独立并基于深思熟虑的判断（西北维度）。

不同形式的人类行为的图示

这张行为图和其他图最大的差异之一是，我们根据这张图，不需要特定假设人们实际上会如何选择。我们都是不可知论者（构建在特定规则上的图不是这种情况）。

例如，古典经济学家会做出如下的图，即西北维度占主导地位的图：

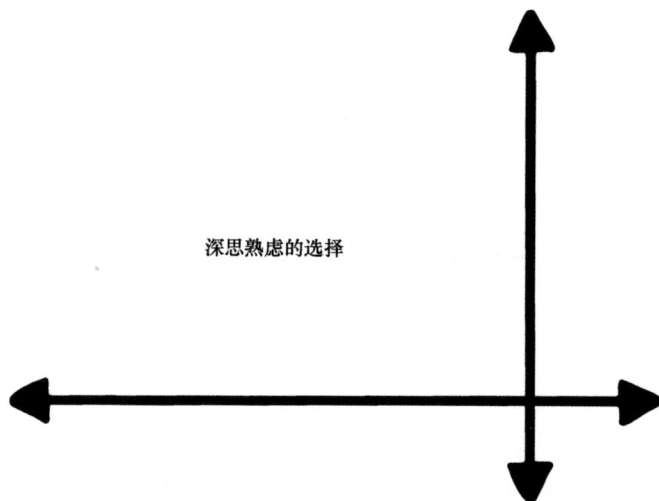

深思熟虑的选择

他们承认有时人们没有做出"好的"决策，但是他们仍然愿意相信人们会仔细考虑每个选择的相对用途从而做出最佳选择（或者他们会尽力做到）。你妈妈也愿意相信，你如你所告诉她的那样考虑了你的选择（虽然她知道——你了解她已知情——你并没有像告诉她的那样做）。

主要兴趣锁定在个体认知偏差上的行为经济学家（"助推者"）会关注该图

的西部维度。

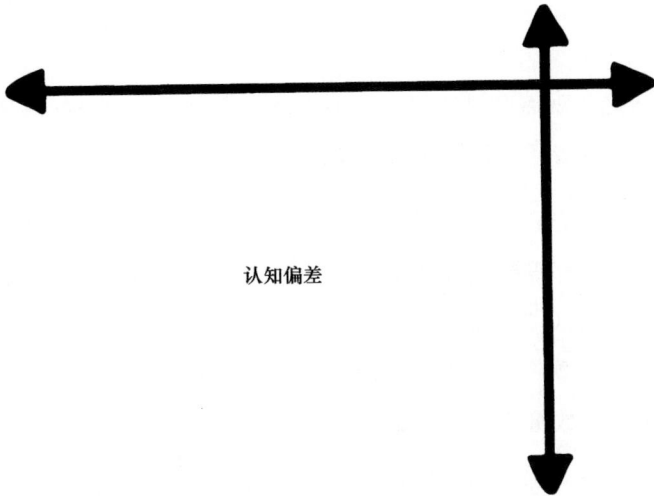

认知偏差

除极少数例外——例如，在讨论"社会证据"时——行为经济学家往往不会考虑东部维度。甚至 2010 年为英国内阁所撰写的优秀的思维空间报告，其中的见解也基本上都在该图的西部维度，该报告的目的是通过利用助推类和类似书籍的真知灼见来改善政策制定（九大见解中只有一个在任何意义下都是社会性的）。

相比之下，口碑营销人员往往认为东北维度在人们如何选择时占优势地位。

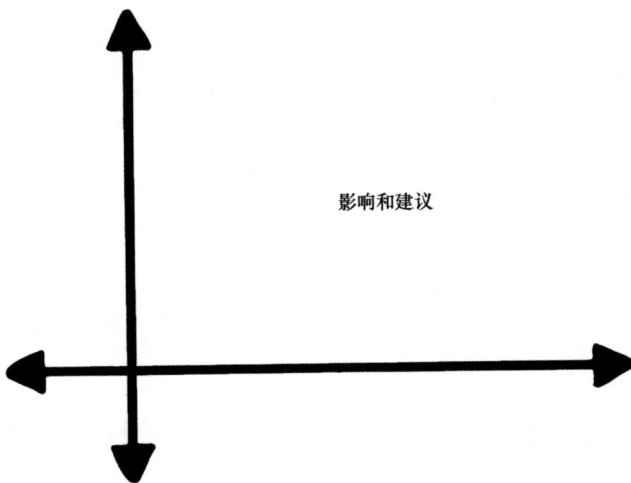

影响和建议

就许多口碑营销人员而言，在绝大多数群体中都存在关键个体——社交枢纽——群体中的其他人都会服从于这些人。情况有时是这样，但没有你想象的那么频繁。

我们承认这些观点有时能够很好地描述一个特定现象是如何被塑造的，但没有像他们的提倡者所推荐的那样频繁。

当然，我也有自己的偏差和假定。例如，我的经验告诉我该图的南部维度比任何学派建议的都重要。当今社会中的选择都没那么简单，也不是二元制的：极少是或 A 或 B 或 C 这么简单。专业知识也不能一直那么明显或简单地将所有噪声都隔绝在外（现在，阅读亚马逊、当当网或类似网站上的评论让人筋疲力尽——甚至推荐的数量已让人应接不暇）。

同样地，我更认同这种可能性，即任何给定决策或选择事实上都主要是由社会力量塑造的——是由个体之间的交流影响的，而非个体自己的头脑决定的。我一直认为社会力量的重要性在理论和实践上都被抑制了：我们本质上都是社会动物，现在我们惊奇地发现我们的许多选择——无论大小还是介于两者之间——都应是社会选择。

但是我不认为任何给定行为都是这种情况——先验性。你也不应该这么认为。

从描述性的图到战略图……

许多致力于绘制这种图的人告诉我们，他们发现了一个富有成效的框架，可以开始思考人类行为。

它开辟了思考任何现象的新天地，有助于抽取其中的大块并分解为简单的小块。

这样一来，它促进并鼓励对何类事情的更多探讨，我们的意图正在于此。

也就是说，许多人愿意细致入微地描绘该图，使之更详细具体。这是像社会科学家一样的真正的实践者：有些人希望再增加一个维度（3D 一定优于 2D，不是吗？）或者调整其中一个的比率，使之更精确，或者反应他们其他方面的关注（这在关注理论的人当中非常受欢迎）。其他人又想让它更定量：一个客户由衷地希望研发每个维度更细分的测量，以满足其对细节的追求，减少解释的需求。他们问到，我们可以为每个项目创造一种生产精确坐标的方式吗？

该图根据 http://commons.wikimedia.org/wiki/File:Karl_Marx. pgn 重新制作。

一切都是极好的——也很好地表明基础的地图对于适用的人是很有帮助的——但是……但是……

该图的描述性用途只是故事的一部分。重要是重要，但影响不大。

在深入探索这个世界的过程中，有太多的时间和精力浪费在了描述上——不断深入挖掘，对某件事情的描述就会越来越具体。了解得再多也无法帮助你制定战略或解决问题——它常常只是未得要领的一个借口。太多空想，不如实干。

正如性情乖戾的德国流亡者卡尔·马克思所指出的，许多聪明人都孜孜以求地试图更精确地描述这个世界，然而实际的意义是如何改变它。

下一步该如何做？

关于下一步该做什么——模仿什么，下一章内容不仅包含一个答案，而且是名副其实的一系列的答案。

这些答案被排成了一个"样品簿"（或多个样品簿——图的每一部分都对应一个样品簿）的风格。从中巧妙借用，然后创造属于你自己的东西。

其核心内容是许多成功的战略，是我和同事们多年来阅尽各个领域和学科，并由"何类事情"的集合中整理出来的。因此，它不仅仅是一个长名单（有用的长名单）。

为了让你读起来简单一些，我们创造了一系列卡片，帮助你做到事半功倍（模仿，模仿，再模仿）。

使战略更接近于行动的任何事情……

结论

绘图即思考。

绘图有助于你理清事情之间错综复杂的关系。

画一个简单的图，确定你瞄准的行为属于哪个维度，从而抢得先机。

帮助你弄清楚你正在处理的是哪一类事。

也帮助你解决从哪里寻找解决方案进行模仿和借鉴的问题。

"书籍浩如烟海，而我们的生命是有限的。"

——弗兰克 · 扎帕（Frank Zappa）

本章主要涵盖以下内容。

当你理清在处理何类事情后，就可以致力于寻找最适合解决问题的策略了。

本章包含 52 个不同的策略，根据分类它们分别落入该图的四个象限。

每个策略都由 2 ～ 3 个不同领域的例子阐释——市场营销和行为变化。

这里的重点是使你更容易选出 1 个或 2 个（或 3 个）策略以便模仿借鉴。

这种收集想法的做法让我们想起建筑行业多年来多熟知的"样板书"。

我们步入正题吧。

WHERE

4

第四章

从何处着手模仿：样板书

52 种供你模仿、借用或窃用的不同策略

"永不揭露秘密" 54

我来给你介绍一个神秘的协会，它一直隐藏在我们世界的阴影里——它超越你的视野，只有懂得门道的人才能看到它，其他人都无法看到。岁月悠悠，黑暗兄弟会一直拼命捍卫会员们集体的神秘智慧与专业知识和技巧，并传承了一代又一代；胆敢泄露绝密真相的人将会被开除会籍（你甚至有可能被处死也说不定）。你或许认为我们陷入一个机关重重的福尔摩斯小说、丹·布朗（Dan Brown）的小说或满是阴谋诡计的互联网的某个黑暗角落了。

事实上，我要讲的协会是魔术圈协会（Magic Circle）——它是舞台魔术师和幻觉派艺术家正式的行业协会（他们也接受业余魔术爱好者）。尽管当时该协会历史不是很长（1908 年，它在伦敦苏活区的一个意大利小餐馆里成立了），会员们都能死守住该协会的基本规则——神秘、宣誓及组织内的阶级晋升，朝着"特殊阶层"（内部魔术圈）努力迈进。你每前进一步的前提条件都是保守秘密。你一定一定一定不能泄露秘密——因此，该协会的箴言"永不揭露秘密"（从拉丁语"Indocilis private loquis"翻译成英语的意思就是"不能泄露秘密"）。

实际上，其神秘性被夸大了：该协会成立之后的 100 年里因为揭露秘密而被开除的会员只有一名。美国魔术师约翰·莱尼汉（John Lenehan）愿意揭密街头骗子和推销商热衷的纸牌魔术（"三张扑克"又叫作"找到那位女士"），并参加了 BBC 的一个电视节目《他们如何做到的？》。因此，他被开除了。

"保守秘密最好的方式是将其大白于天下。"

然而，正如许多优秀的魔术师认为的那样，保守秘密最好的方式是将其大白于天下。你可能会更自然地认为，专业人士——建筑师和建造者（最初的"老济会"）会遵守"共济会"规则。

建筑学依然喜欢以所熟悉的独创性的语言呈现自我——由（独一无二的）创造性天才如艾茵·兰德（Ayn Rand）小说中的人物霍华德·罗克（Howard Roark）创造的独创设计而打造的原创（独一无二的）建筑物——真相是，在建筑学以及整个建筑产业中，人们一直使用的是其他人的作品，并作为"样板书"予以整理和分发。然而，中世纪的泥瓦匠及当今建筑师的祖先或许努力保守他们的秘密书籍及其专业知识，不让我们知晓。600 多年过去了，建筑学的样板书依然牢牢固守在公共领域。

你或许也和我一样羡慕大师们著名的建筑图纸，如 16 世纪的威尼斯·安德里亚·帕拉第奥（Venetian Andrea Palladio），他所著的 4 本带详细插图的书籍（《建筑四书》）不仅为西欧带去了古典主义的建筑风格——或许更重要的是——创造了再现那种风格的能力。他美丽的图纸和设计——他通过刻苦钻研将现存的希腊和罗马建筑风格融入到他自己的项目中——现在装饰着许多乡村旅馆和豪华古宅的墙壁。然而，对于和他同时代的建筑师及模仿他的人而言，它们相当于古典主义风格的自我模仿的样板书：从大小比例，到从正面或圆屋顶或窗户看风景的视角，再到灰泥或其他装饰——所有这些简单易用、剪切粘贴图片即可实现。

"样板书一直在建筑学和建筑物中举足轻重。"

《建筑四书》是从四面八方收集而来的：例如，英国的克里斯多佛·雷恩（Christopher Wren）爵士（以 1666 年伦敦大火后重建伦敦而举世闻名）和第

4 位美国总统、业余建筑师托马斯·杰斐逊（Thomas Jefferson），他们都收集了帕拉第奥的图纸，并将其广泛运用到各自的建造中。两位建筑师都没有因为开始时使用他人图纸而感到难堪（而不只是模糊的"灵感"）。杰斐逊不仅建造了"帕拉第奥"风格的美轮美奂的蒙蒂塞洛（Monticello）庄园，而且监督了这个新兴国家标志性建筑物——白宫和国会大厦的建设，这些建筑都受到这位意大利建筑师的深刻影响（虽然现在的国会大厦是后来重建的，然而在一名英国人眼里，它那拱顶仍然与雷恩的圣保罗大教堂如出一辙；二者都带着帕拉第奥设计的许多意大利教堂的印记）。

各种样板书经年累月的使用也说明了为何许多古镇和城市别有一番"韵味"的原因。格鲁吉亚风格的伦敦、都柏林和巴思（Bath）怡然自得，因为格鲁吉亚风格的样板书在这里实现了完美融合。有人甚至提供表格，可根据样方大小、建筑物高度及目标人群来调整通用的平面图和设计。与此同时，他们也提供装饰细节上的差异方案，这样整个设计既匠心独具又和谐一体、浑然天成。

> **"幸得样板书，格鲁吉亚风格的伦敦和都柏林浑然天成，自然而就。"**

18、19 世纪，样板书在美国也非常受欢迎，这恰恰印证了美国历史名城往往都保持始终如一的风格。例如，"著名的样板书是由因提倡浪漫的田园生活而闻名遐迩的安德鲁·杰克森·唐宁（Andrew Jackson Downing）详述了希腊风格的比例的米勒德·拉费佛（Minard Lafever），以及推广了维多利亚时代风格的威廉·T·康斯托克（William T. Comstock）创造的。"[55] 西尔斯罗巴克（Sears, Roebuck & Company）等企业在 20 世纪将样板书分享给有抱负的美国中产阶级，从而大赚了一笔。

> **"在美国，样板书造就了无数历史名城，其样貌至今依旧。"**

伦敦郊区

备受嘲弄的郊区房屋的风格也是同样的情况。以 20 世纪初期和中期英国郊区"仿都铎式"风格的原型房屋为例，白色的墙面、凸出的窗户、铅制的玻璃灯，最突出的特点是漆成黑色的过梁。我们郊区的孩子们理所当然地认为我们的商店和家都应该这么具有戏剧性。然而，我一直在想，这样浓墨重彩的建筑历史对外国游客来说一定非常是特点鲜明的——唤起人们对英国古老世界的美好幻想（"莎士比亚的故土——就像我描绘的那样"）。

当然，这正与伦敦大都会铁路委员会等房地产开发商的意图不谋而合，他们创造了"伦敦郊区"的概念，旨在吸引伦敦人逃离第一次世界大战后他们返回的昏暗潮湿的公寓，投身于郊区。该委员会将小块土地卖给小规模开发商，这些开发商们在初衷为农村田园生活的高端建筑风格的基础上加以效仿和演绎，最终将其塑造为可简单模仿的风格，而且达到了同样的效果（虽然土地较小、预算较少）。

时光荏苒，更多的区域被开发，建造房屋的人们对样板书进行了一次又一次的修改和演进。因此，20 世纪 30 年代和 40 年代建成的大片地产只保留了原型样板书基本的样子。然而，每个房屋都兑现了承诺——固然没有完全履行承诺，不改人们远离喧嚣、投向安静闲适的乡村的初衷（正如金斯利·艾米斯（Kingsley Amis）在其小说《幸运的吉姆》中嘲弄"快乐的英格兰"那样）。

样板书与原始建筑

我们再向后继续讲，阿利斯泰尔（Alistair）重视样板书的重要性，即使面对最负盛名和"独创的"现代建筑师也是如此。贝特洛·莱伯金（Berthold Lubetkin）的"北伦敦"名列海洛特（Highgate）高分建筑之列，代表着现代主义的梦想，一派国际主义风格，与它周围的许多建筑物截然不同。阿利斯泰尔在英国皇家建筑师协会的学生认为"北伦敦"作为伦敦 20 世纪建筑的瑰宝，被认为是一种独创行为。真相是，莱伯金首先仔细研究了样板书，然后全力展开与海洛特规划部门的合作。他只是碰巧完美再现了所有细节。

"你会不想重复考虑方方面面……每次思考都会让你开拓新天地。"

单纯从实践层面来考虑。为什么要从零开始，重新思考一个建筑物的方方面面——其设计和功能。其装潢以及与其他部分的关系——每次思考都会为你开拓新天地。为什么不将其简单化——这是建造师一贯的做法——从利用现有的资源开始。始于模仿，再创辉煌。

样板书无处不在

对于样板书，你思考得越多，就会发现你眼见所及，它无处不在。你看到的样板书越多，你会发现模仿样品的行为就越多。

我们痴迷于装修类的节目，痴迷于烹饪、食谱书和烹饪节目（通常混为一谈），这除了和模仿样品有关，还有其他的吗？内部设计都是相同的——电视节目、杂志、博客以及（事实是这样）各种店面装修或者无所不在的宜家家居。

自从第一批时装图样书籍于 19 世纪在欧洲和新世界传播开来，样板书就成为我们在生活中做出选择的方式之一。

当今的时尚和名人杂志在摄影和特色上继续鼓励这种行为。事实上，大部分杂志甚至毫不避讳他们是如何利用同一件衣服在时装秀和街拍的明显对比来打造一个特定的外观。

"对于样板书，你思考得越多，就会发现你眼见所及，它无处不在。"

当你看到一个"庆祝业绩"的活动或展览的消息时，你会认为参加活动的观众采用了样板书里的范例，虽然是以排练的形式。

令我感到强烈震撼的是 2013 年的夏天，受人尊敬的英国皇家园艺协会的切尔西花展举行百年庆典。对于组织者来说，这是面向所有擅长英国园艺设计和工匠艺术的展览；而对于广大参观者来说，它展现的是全世界最大的创意、技巧和植物样板宝库，献给旨在打造 / 重新打造我们花园的人（"浇浇水，种植一些蕨类植物，铺上石板路，或许是这样？"）。收集、评估并展示实践者最佳成绩的任何产业机构实现的都是同样的效果。

我们周末去参观国民托管组织的漂亮花园时，不仅要探索和赞美每位花匠的独特设计思想，而且要从中获取一些创意。你不光要购买纪念茶巾，而且也要带回家一些栽培或绿化的想法。不管设计和打造花园的人的意向何在，重要的是我们如何利用它。

"不管创造者的目的何在，重要的是我们如何利用该模式打造属于我们自己的东西。"

在有些情况下，个人收集不同音乐作品、创建"样本"的目的更明确。20世纪 80 年代，嘻哈音乐刚刚诞生，纽约市一名出租车司机兼流行音乐节目主持人 Breakbeat Lenny 创作了一系列非常规击鼓专辑样本。这些样本为大多数嘻哈音乐与当代舞蹈音乐（尤其是 breaks 音乐风格，如 "Amen Break"，它是从 Winstons 晦涩的蓝调音乐单曲的 B 面剪辑的五秒的节奏）奠定了基础。不仅嘻哈流行音乐节目主持人将"碎拍"专辑作为其存货，而且其他音乐人也这样做（Amen Break 本身是英国风格的击鼓和贝斯的韵律基础，同时，它也为遥远的绿洲乐队的主唱加拉赫兄弟等艺术家的歌曲增添了缤纷的色彩）。20 世纪七八十年代的牙买加音乐常常在另一面有另一个版本——精选曲调的器乐版本，这就鼓励了类似的融合。

"样本总能确保'卓越的'（也就是说，糟糕的）模仿。"

一个样本特别强大的一点是，它总能确保从观众那里获取"卓越的"（也就是说，糟糕的）模仿：我参观过很多花园，包括马拉柯什的伊芙圣罗兰花园中冷冷的紫蓝色，以及黑里根失乐园（Heligan）和英国皇家植物园（Kew）玻璃房子内蕨类环绕的深色角落，在它们的"启发"下，我打理了自己的花园。我将各个碎片相与为一，布置在新环境里，于是新打造的事物自然而然与任何一件启发它的事物既若即若离又相得益彰。

《建筑四书》

该部分是我们归档的——我们的《建筑四书》——的成功策略与例证，供你模仿借鉴，以此作为你的行为变革计划的基础，所有内容都分类到四大"类"选择风格内。

更胜一筹

深思熟虑的选择需要更佳的策略——这源于你的选择优于其他选择

特立独行

凭猜测所做的选择需要卓越的策略。不要让选择人自己思考，不要担心事物不够优秀，只需使其和其他竞争方案比较起来更容易选择即可

互联网为那些希望从他人获取"灵感"的人提供了很大的空间：从很多方面来说，互联网与样本有很多共通之处。从罗威廉（William Rowe）超酷的蛋白质网络到内森·库珀（Nathan Cooper）管理的 Rubbishcorp.com 网站——各创意产业有着无穷无尽的有趣的资源，可以在其智能手机上从中模仿、借鉴并巧妙获取（如果拥有一部智能手机还可以的话，现在我爸爸就有一部）。你只需手持 iPad 或 iPhone 轻依沙发，浏览视窗，便可获取灵感。

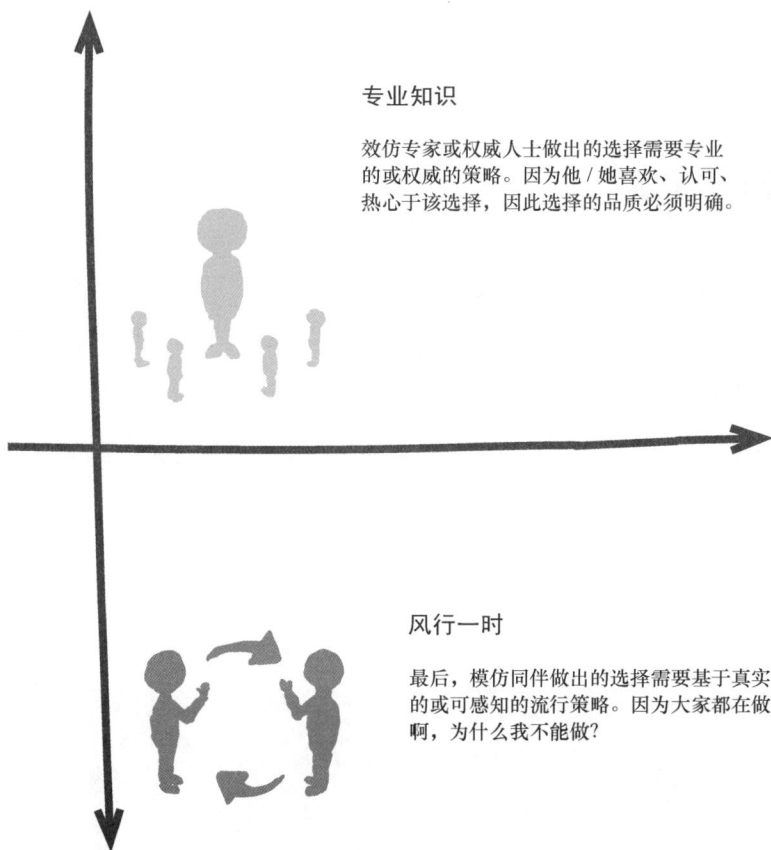

专业知识

效仿专家或权威人士做出的选择需要专业的或权威的策略。因为他／她喜欢、认可、热心于该选择，因此选择的品质必须明确。

风行一时

最后，模仿同伴做出的选择需要基于真实的或可感知的流行策略。因为大家都在做啊，为什么我不能做？

这里有什么？

如果别无其他，这个简单的架构可以帮助你比以前思考得更快。然而，我们绝大多数人都喜欢接受具体的例子，而非高深抽象的思维，因此我们评估了各个维度下成功策略的各种例证。

我们第一次分类产生了 120 多个不同的例子。但为了使该书更容易阅读，我们只用 2 ~ 3 个例子来阐释一种策略。在这种情况下，仍然产生了 52 种不同的策略，分布于 4 类选择风格内——虽然很多，但是比较容易管理。我们制作的一系列卡片完全适用于帮助你轻松使用这些资源！

策略

如何利用样本

我们不建议你试图一口气读下来——现在要应对的太多。然而，我们建议你快速阅读，然后在遇到某个特定问题时，你再返回来仔细研读——你在下一章肯定会遇到问题！

如果没有其他办法，请将每组策略起始的描述作为你正在处理的"何类事情"的提示。

值得一提的是，这些归档的资料并不是面面俱到——因此，如果你发现新的策略和例子，请随时推荐。

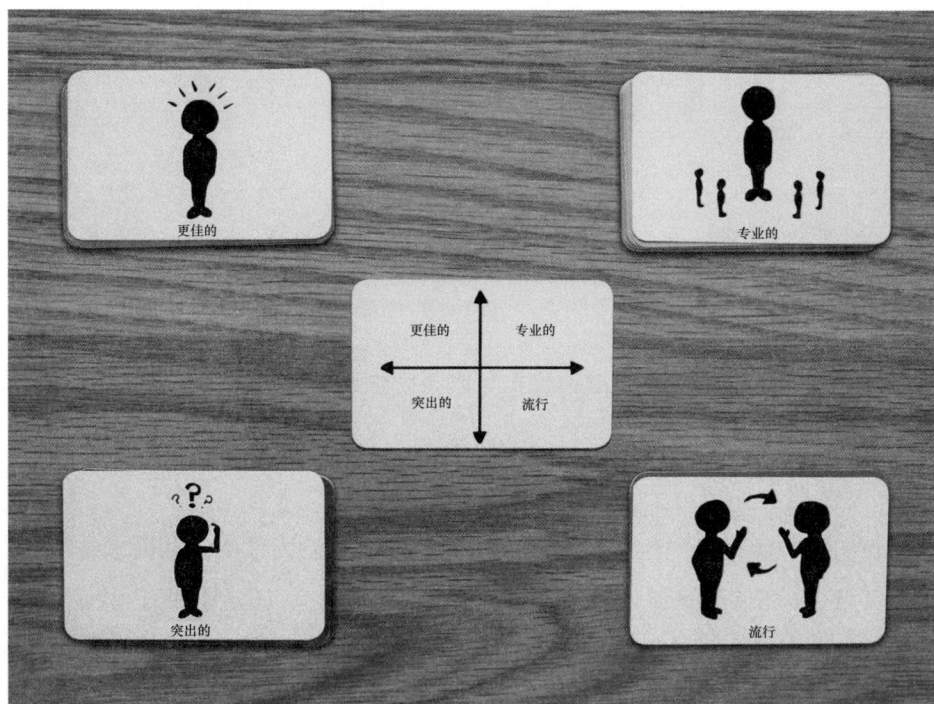

深思熟虑的选择："更胜一筹的"的策略

更胜一筹

在该图的西北象限，人们依据面前事物的功用或品质（真实的或可感知的）彼此独立选择。人们极少因为产品的优势而选择它。

其实这里面有更胜一筹的策略——管理更好的理念，创造新的更佳的方式，以较好地进行调整或呈现。

这听起来很熟悉，因为深思熟虑的选择仍是许多市场推广人员（尤其是身处生产制造类企业的市场推广人员，这些企业文化推崇工厂生产出真正的或可感知的产品品质）及许多政策制定者（只需告诉他们应该这样做的原因！）默认的前提假设。事实上，对有些人来说，这就是市场营销。如果你也这样认为，请等一等：我们在本章后面部分将推出更有效的战略——更多精彩内容，敬请期待。

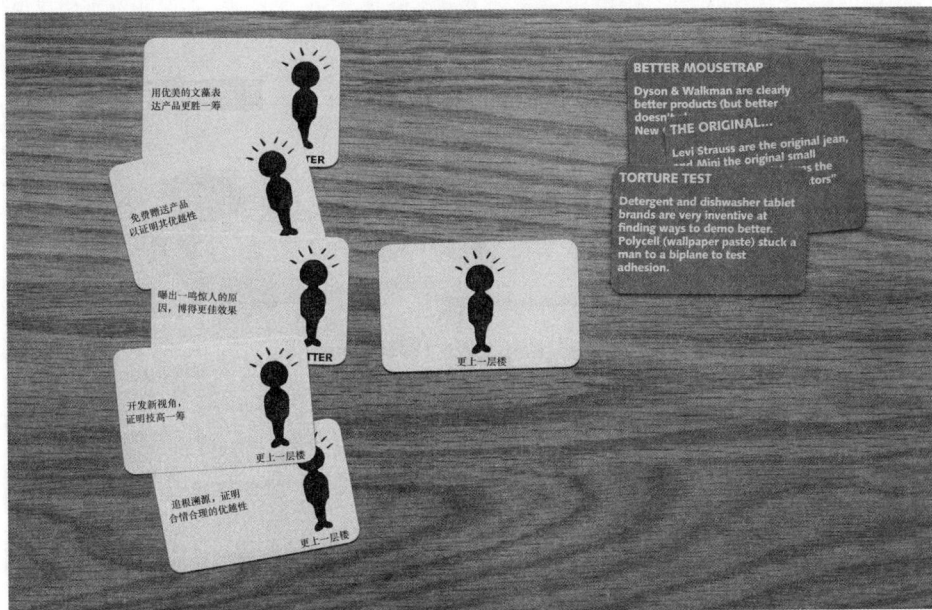

构建更巧妙的捕鼠器

工程师及秉持"功用至上"（也就是说，他们想购买最佳的产品）的人会想到该策略。根据我们的经验，这对于在工厂或设计室工作的那些人来说尤其普通。戴森（Dyson）的家用电器就是企业以此策略为核心策略的伟大例证：一个小企业战胜大企业的方式只能通过制造更好的产品，对吧？或许是这样，然而这种方式成本高昂，而且前途未卜，尤其是因为人们购买某种产品并不仅仅是因为它"略胜一筹"。

当品尝测试显示可口可乐的主要产品"红色"可口可乐逊色于百事可乐时，可口可乐力图扭转长久以来的弱势格局，于是他们推出了新产品，即"新可口可乐"。结果酿成一场灾难——不仅失去了许多客户，而且他们的心血也付之东流（"我们喜欢原来的可口可乐，你们为什么要改变它？"）。为保持不败地位，百事可乐费了九牛二虎之力才能重新赢回市场。

他们请了美国最著名的、最有才能的包装设计师来重新设计其纯果乐果汁包装，结果同样是一场灾难：销售直线下降，电话被打爆，因为客户无法识别其品牌（新款耀眼的包装让它看起来更像商店的标签，于是它被尘封在冰柜里了）。

原创的（因此是最好的）

任何市场上的原创产品都是品质卓越的代名词——愤世嫉俗的营销人员无法"忽悠"，也无法操纵。原创产品能经得起时间考验，因此也为众人所熟悉和信赖。

李维·斯图尔斯（Levi-Strauss）多年来在服装市场上一直利用这一点，成为"原创牛仔裤"，虽然不得不说他们有时候也受到了文化转向以及"牛仔裤"内涵（他们未能发现"丹宁布"的兴起）的冲击。

创造新测试，展示更佳效果

洗涤剂品牌向来善于创造新方式来展示其清洗效果是多么棒。有时他们在阳光下举着一件亮洁如新的白衬衫，有时将一双袜子放到洗衣盆里，洗完之后就变得"干干净净"，总之，从洗涤剂营销的历史上可以找出许多优秀的例子来借鉴。

然而，我们要讲的不是单纯的广告模拟之路。伟大的马戏团企业家PJ巴纳姆（PJ Barnum）在开着大帐篷车从一个城镇到另一个城镇表演的时候，喜欢思考新颖的、令人难忘的方式来表现他精彩的演出。

为了展现一种新型胶面壁纸美妙绝伦的附着力，你认为他会怎么做？把一个人粘到飞机上，然后到处飞？

英国卜内门化学工业有限公司（Polycell）恰恰就是这么做的。

高价格方显高品味

奢侈品在利用令人瞠目结舌的价格来表明其卓越质量方面可谓做得游刃有余。价格那么高，质量一定更好吧。当然，现在，奢侈品的仿版到处都是——大部分杂志和报纸都安排一个雅而不俗、物美价廉的时尚链与高大上的产品比肩而立。即便如此，如果可以，许多人仍愿意选择高价的奢侈品。

当然，随着市场越来越饱和，奢侈品零售商在价格天梯上又是魔高一丈，他们根本没有标出价格，理由就是如果你需要看价格，那说明你买不起这里的东西！

免费分发产品，以便人们亲自感受差异

脸书和你当地的贩毒者都采用了该策略：他们乐意一开始让你免费试用其产品，因为他们知道早晚你会依赖上它。那时，他们才开始向你收费。

如果你想让你的产品获得认可，产品免费试用效果很棒，但对于需要慢慢培养品味的产品（如金巴利（Campari），该策略就会事与愿违。

114

彼时意浓，此时情深

消费者的选择并不是完全靠理智决定的，这一点越来越清楚，即使对于以技术为主导的企业也是如此（如汽车公司）。宝马是德国技术与设计的典范，而不是他们自己做什么。"乐趣"是他们的口号。该策略受到行为经济学爱好者的大力赞扬——进一步解释一下其主张，"他们感觉越到位，就越乐意购买"。

该策略的另外一个伟大的、但起相反作用的案例是匡威对"脏兮兮球鞋"而不是"干净的鞋子"的关注。

对金融服务来说，若要使客户做出完善、深思熟虑的决定，该策略要比只为客户提供信息的多。正如行为经济学家喜欢指出的，我们更喜欢《星际迷航》中的船长詹姆斯·T·柯克（James T Kirk）而不是他的第一任长官斯帕克（Spock）先生，他有一半火神的血统：前者是性情中人，后者理智冷静；前者多靠敏锐直觉，后者多靠斟酌酌思考。

意料之喜，锦上添花

惊喜是超出人类合理逻辑思维之外的东西，它比事实更强大。苏格兰鲜艳的橙黄色软饮料布鲁（Irn Bru）据称是"制造于苏格兰的柱梁上"。艾维斯（Avis）创立其企业的基础不是成为最大的或原创的产品，而是向这两个目标前进，颇令人好奇。"我们再接再厉"是屈居第二的所有令人意外的优点。

发明新视角，打造青出于蓝的效果

在英国，玛氏（Mars）的牛奶巧克力（Milky Way）（和美国的巧克力是一个名称，但是却是不同的产品），它最初成名的原因是其推广的方式，号称"两餐间可以吃的""更低热量的"零食（而不是让人充饥的食品，后者是同一公司的士力架巧克力棒现在推广的方式）。

在美国，奥迪宣称他们的燃油效率让人们做出爱国的选择，从而凭借柴油发动机抢得先机（他们在欧洲不是这么宣传的）。在西班牙，他们借助其全时四轮驱动系统为高端豪华轿车打造了不一样的视角，可谓棋高一着。

食品产业从"有机的"到"本地化的"转变打造了一个更好的新维度，也是融合了当地特色和骄傲的转变。

稀缺性：限制供应，凸显此地花开胜别处

稀缺性让某些东西看起来更具吸引力，更弥足珍贵。布鲁斯兄弟（Blues Brothers）著名的"演奏只此一晚"，以及宝马伟大的市场营销鼻祖坚持"销售的车要比你能力范围内少一辆"，都属此列。

这种策略有时被称为"天鹅绒的绳"（华丽的冒险）——"禁止入内"通常使有些东西看起来更引人入胜。腓特烈大帝（Frederick the Great）正是采用这种方法将普鲁士变为一个全民吃土豆的国家的——他坚持只有贵族才能吃土豆。"令人梦寐以求的"根茎类蔬菜？相信它吧。

数量制胜

人们喜欢简单的相对比例，而不是绝对数。这一策略利用我们对数字朦胧的关联，凸显更佳效果。家净（Domestos）可以杀死99%的家庭细菌；带宽供应商提供2倍、3倍或者10倍速度的服务；康柏电脑（Compaq）曾经宣称他们的笔记本电脑一生都物有所值，绝不会买贵（比便宜的电脑还要便宜）。

将原产地与优越性联系起来

法国葡萄酒行业发明了"风土"的概念，以此说明同一产品在不同的风景地貌和土壤条件下会产生质量上的差异。事实证明这基本上是无稽之谈——葡萄酒专家从来没有找到过正确的地理位置——然而，大家仍津津乐道这是优质葡萄酒产生的必要条件。

德国汽车制造商——如大众——在不断探索其原创品牌质量的典型关联，例如，在英语推广材料中使用德国口号"Das Auto"进行宣传。

更有趣的是，"快乐的奶牛产出更好的黄油"这一说法多年来广泛流传于新西兰奶农中；最近，"快乐的母鸡"成为英国溢价鸡蛋的代名词。

史威士公司为说明其新款产品"工匠"奎宁水是多么物有所值，他们推出了一款超级溢价的产品，把一个新瓶子放在泰坦尼克号上。知道这水来自哪里了吗？

确保满意度

约翰—路易斯（John Lewis）百货商店一直提供价格承诺，以与竞争价格相持平——"决不故意低于市价"。

当我买第一辆老爷车的时候，其制造质量并不怎么样，因此一年质保广受欢迎。现在质保三年、五年，甚至七年的二手汽车非常普遍。起亚汽车现场一般提供质保七年，远超平均回购周期的标准。这表明该产品品质过硬：是质量保证的强烈信号。

著名的哈迪·阿尼克（Hardy of Alnwick）（我最喜欢的渔具制造商，绝对物有所值）对其制造的精致又昂贵的手工飞绳钓设备提供终生保修和包换服务。每一件产品在他们那里都进行单独注册。

对比试验，方显品质

百事可乐经典的"口味测试"就是利用对比试验争取客户的伟大的例子，然而你必须确定参加试验者最喜欢你的产品。

洗涤剂一直以来都采用该策略作为其广告推广的中流砥柱，但是事实证明——尽管许多品类的产品性能的差异在不断增大，该策略仍然很棒。

汽车经销商热衷于新车试驾——尤其是因为绝大多数新车买家都在卖旧车（旧车比新车在技术和工艺上逊色三到五年），新车旧车只能有一方胜出。

戏剧性地过度设计为佳

这是现代市场营销的标志性趋势之一：20年前，SUV是少数工薪阶层的交通工具，现在上学开的车几乎没有不能参加比赛及参加喀尔拉力赛的。现在手表业也是如此——精致大方的手表与价廉简单的手表仍然共存于市场上，价值几千美元的（通常比一辆车都贵）、可以潜水的或飞行员的手表横空出世后，就显得格外引人注目。

事实上，过度设计的休闲服装到处都是——从运动服到探险装备。这些"极端的"户外服装品牌在北伦敦当地的一个公共汽车站却很受欢迎：乐斯菲斯（North Face）、安纳普尔纳峰及巴塔哥尼亚。能够登山涉水的优越装备才能应对你在29路汽车（甚至是253路汽车）途中可能遭遇的任何挑战。

夸张展示，凸显更佳品质

这是广告宣传中常常用到的策略：劲量兔子和索尼荣获大奖的"球机芯"商品，二者都是力图向观众展现更佳品质的代表：前者是持久能力的象征，后者是一次性的标志。

哈迪·阿尼克曾经制作过一个视频，里面用超强度碳纤维制成的新奇鳟鱼棒（为较小的鱼设计的）抓到了一条巨大的鲨鱼，意在表明这个全新鳟鱼棒强度是多么大。

品牌名称通常采用该策略：使用"极其""超"或相似的措词。

凭猜测所做的工作："特立独行"的策略

特立独行

在该图的西南维度（第三章），个体面临着众多质量过关、但难分上下的选择。重复购买会变成一种习惯，但是关键是在选择过程中没有思考或没有仔细思考。

这里要讲的成功的策略都是凸显标新立异之优势的——通过各种手段（价格、可用性、改变默认值等）做出的简洁的决定。这里有许多活生生的助推策略的例子。同样地，百货商店推广人员会发现许多策略都是耳熟能详的——包括促销技巧，这是百货商店市场营销与传播的基本方法。

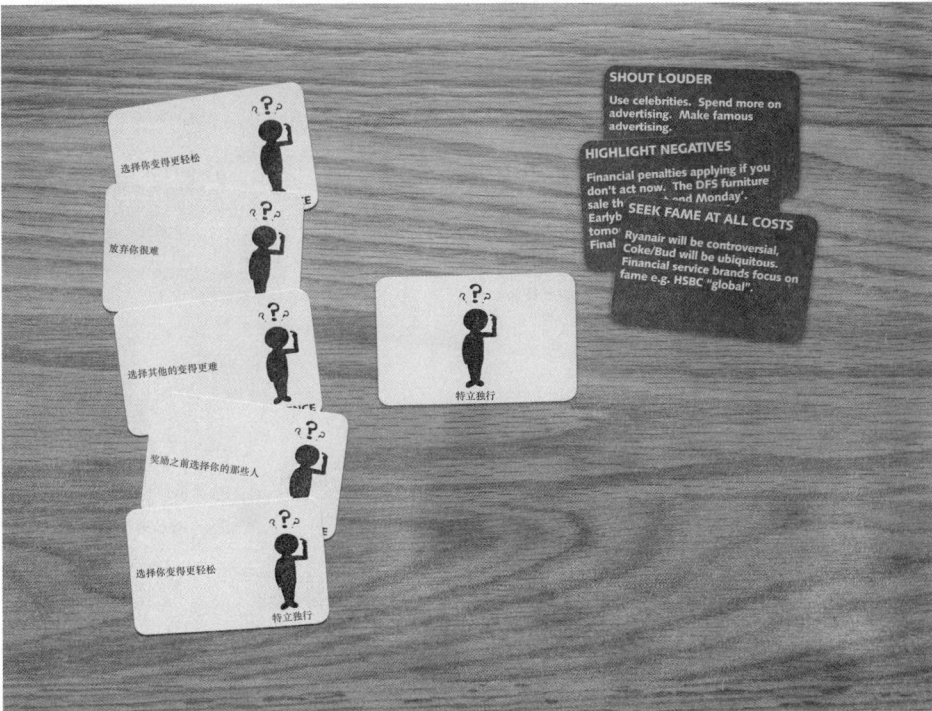

不惜一切成本求出名

瑞安航空充满争议，他们的航班所到之处都禁止做广告。在西班牙，德诗高（Desigual）服装品牌鼓励青年女性反抗和拒绝古老的西班牙文化对他们的保守的期待。例如，"全球"他们鼓励人们早晨做爱，甚至派发带有香水味道的新款小小振动器。

法式连接（French Connection）也采用了相同的方法，在衣服上放了（激进的）FCUK的标志。西南航空公司鼓励员工做出一些出格的事情，可以让顾客彼此不疲地讨论。理查德·布兰森（Richard Branson）好像是维珍（Virgin）的注意力吸铁石。金融服务品牌通常专注于意识，并将此作为其市场营销的主要目标（因此他们广泛实施体育赞助）。

加大宣传力度

斥巨资进行市场推广。借助名人，不为别的，只因为他们可以获得关注——盖普（Gap）与英国最受欢迎的零售商M&S都多次采用此策略。

选择你更轻松

这似乎显而易见，但是可用性是客户做出决定的极其重要的认知因素：显著的（炫耀的）啤酒字体可以简化在拥挤酒吧中的选择。喜力（Heineken）最近安装了额外的冷水泵，比吧台本身高出将近一米。

预装软件（从MS DOS到浏览器）让你没得选。

行为经济学在"重设默认设置"方面更有话语权。许多研究已表明，为鼓励节俭，要想达到更佳效果，不是让人们选择加入（他们不会这么做的），而是让节俭成为必然选择。同样地，虽然说服不要吸烟有一定效果，但是这与严禁在工作场所吸烟的效果没法比。

奖励那些之前选择你的人

这里所说的奖励主要是指常用的飞行里程和优惠、忠实卡和忠实折扣，还有感谢信和RAOK（随机善举）。

我们最近发现的一个大活动是阿姆斯特丹各个独立的咖啡店把其他家客户当作自己的客户，统统给予优惠。

然而，让人难以忘却的是，你搞各种活动，发放优惠，得到的效果或许只让你的客户记住这些奖励。你也可以再做得复杂一些，让客户对你的产品念念不忘。

选择其他的变得更加困难

普遍存在也意味着有效的排他性。这正是饮料品牌如可口可乐和百威啤酒为何在电影院、运动场等场所购买分销或源源不断输送的权力。

联合利华在零售出口放置冰箱，以此构建其冷冻食品和冰淇淋业务。可口可乐也采用了相同的做法，他们在加油站的前院配置了带有可口可乐品牌标志的冰箱。

放弃你变得很难

苹果强大的应用生态系统使顾客确实很难放弃它而投向安卓设备。

自动更新是默认的服务设置，如亚马逊金牌服务或类似的服务。这些服务现在广泛应用于保险产业。

一些服务供应商——如电话公司或有线电视供应商——因难以关闭账户而臭名昭著；或者，直到客户决心放弃使用，他们才派出团队重新赢回客户。当然，这样做会立即激怒客户，但有时它至少对公司是有好处的。

2013年的秋天，英国爆发了大规模能源价格政治风暴，然而只有不到5%的家庭转换了供应商。

其他的——例如，英国能源公司——都有特有的收费模式——这意味着客户永远在拖欠费用，从而进一步限制客户流失。

利用积极的价格点驱动选择

在竞争激烈的市场中获胜的一种方式是积极的定价。新闻国际公司一直采用长期非经济的价格点从竞争对手中抢夺市场份额和利润。

百货店定期对已知价值的商品（KVI）搞大力度促销，以此从竞争对手那里争取客户。

奖品与竞争

这是另一个久经尝试而行之有效的策略——不仅是《读者文摘》和其他订阅企业这样做。西班牙最成功的促销是雀巢咖啡的终生工资（Un Sueldo…para toda la vida）。其他主流品牌经常采用该策略，却没有浪费很多钱：星期五（Friday）/沃克斯（Walkers）都定期开展新口味竞争。糖果品牌现在也开始采用该策略了。

大幅度折扣与活动

关于该策略，折扣与基于折扣的活动在驱动短期销售方面也非常有力。这包括传统促销以及"黑色星期五"和"网络星期一"。也可以是主题更明确的活动，如美国运通的"小企业星期六"。

推出不同寻常的、不相关的特性

主流啤酒市场近来倾向于该策略。在美国，用天然的阿帕拉契山脉的水酿造的啤酒与众不同。在英国，我们在易拉罐中利用"小部件"，再造生啤品质。

与非竞争品牌和企业合作

巴卡第（Bacardi）与可口可乐的合作对巴卡第的帮助至少和对可口可乐的一样多。英国旅游局最近与黑色户外旅行（Black's Outdoor Outfitters）合作，为寄宿家庭度假共同推出"去哪里/穿什么"的项目。

航空公司、汽车租赁公司以及连锁酒店全都携手走向市场，为他们的"最佳合作伙伴"彼此介绍客户，作为其标准的合作方式。

强调延迟成本

不要让人们思考决定——而是让其专注于延迟会带来的财务损失。例如，家具促销"周一截止"（永远都是这样）。或者只有你现在乘船游览，才是最合算的。

119

模仿专家："专业知识"策略

专业知识

在该图的东北象限，人们做出选择是基于一小波受到认可的专家或具有权威地位的人的热情推荐。除此之外，该象限还包括深深植根于文化实践（如长逝的专家和权威）中的选择和根据传统而做出的选择。

值得注意的是，考虑中的选择的实用性和优势或许重要，或许不重要。例如，通过 Bass 模型扩散的事物——该模型是指社会采用模式的一种特殊形式，由弗兰克·巴斯（Frank Bass）提出，并于 1963 年首次出版——具有从专家和权威（你讨论的"早期"或"晚期"采用者时，这就是根源）了解到的内在品质。也就是说，真正的效果来自于"有影响力的"个人或小组的支持（明示或暗示），而不是该事物本身的品质。

这就是为何该图本部分的战略全部植根于专家和权威人士——植根于掌控少数受人尊敬的个人的影响力，植根于管理并支持社会认同。

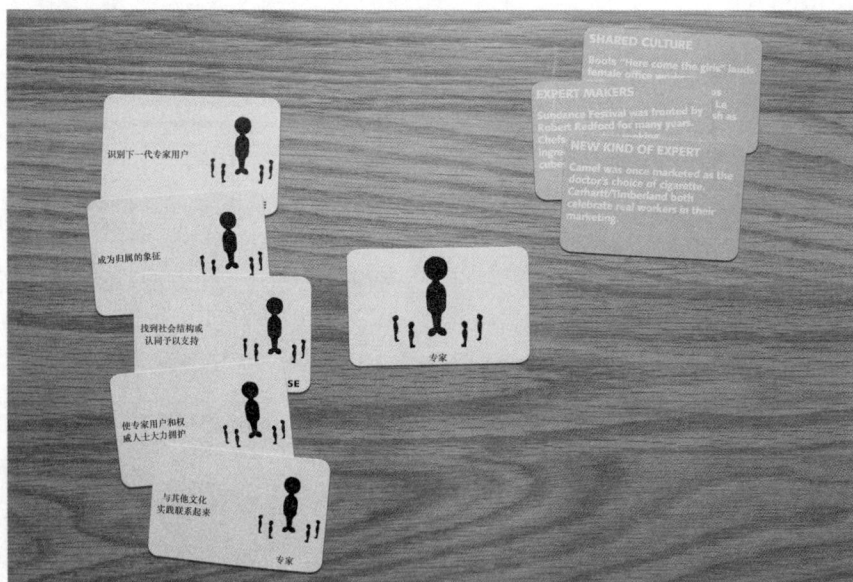

找专业制造商支持你的选择

"专业制造商的选择"在许多情况下都一呼百应。圣丹斯电影节（Sundance Film Festival）正大放异彩，在电影界极其有影响力。然而，如果该电影节不是由罗伯特·雷德福（Robert Redford）创办，那么它连现在一半的影响力也达不到。贾斯汀·比伯（Justin Beiber）或许会吸引一部分人，但他对电影制作又了解多少呢？

同样地，德瑞博士或许已多年未灌唱片，但是他支持的国际品牌（Beats International）的耳机却提供了他们一直努力寻求的可信度，该耳机的品质从开放源码库，从而创建littleBits是电子组件连接起来而完成阿波罗计划的美国宇航局的人支持该"太空装备"的效果更佳呢？

借力专业制造商和权威人士

尼康向来以支持专业摄影师社区，并为其会员提供平台，展示其作品，赞赏其技能。汽车企业在很大程度上依赖于一小撮记者（英国的杰里米·克拉克森（Jeremy Clarkson）），并不惜花重金维持他们之间的关系。

美容杂志的编辑或化妆师的认可使新护肤品或化妆品更让人信任。

利用专家创始人故事的品牌也是采用的该策略。意式面食品牌Rana就是借力大师兼创始人Giovanni Rana，餐馆的名字也是取自他本人的名字。

界定全新的或令人惊奇的专家用户或权威人士

骆驼牌香烟曾经采用的宣传策略是该香烟是医生选择抽的烟（而不是其他品牌惯用的演员）。借助家居廊的霍夫曼方法——强化的个人发展计划——很明显是不同主编米歇尔·格拉夫（Michelle Ogundehin）的演员戈尔迪（Goldie）领域的专家，还有之前深陷漩涡的演员奥利弗·詹姆斯（Oliver James）以及更多传统专家的认可，例如心理学家奥利弗·詹姆斯（Oliver James）。

许多服装品牌已放弃比喻说法，而在"工作服"市场推广中用真实的工人。工装品牌Carhartt甚至更进一步，他们试图再培训底特律年轻的失业者。

识别下一代专家用户

在许多市场中，受人认可的专家早已是既定的了。索尼在相机市场采用的策略是专注于未来的摄影专家，而不是早已成名的专家。他们的世界摄影大奖就是为嘉奖下一代有才能的人的作品而设立的，并为其提供一个平台。

融入共同文化或认同

市场推广人员长久以来一直使用用户形象（"这是做什么用的？""什么人会购买该产品？"）将其与文化认同的前景越来越地帮到他们。你提供的文化认同的知识，这种文化认同很容易可轻松理解或使用。

然而，鉴于现在许多人都不真正地致力于选定的群体，采取相应的行动。因此你不得不是乐事薯片，他们最近集中精力支持当地种植流于俗套，他们最近集中精力支持当地种植力——即使现在许多人都不真正地致力于选定的群体（是由距离采购点50英里内生长的土豆制成）的土豆的农民和当地的学校运动会。承诺对于供应链来说很难实现。

La Casera是一种当地的软饮料，它总是能吸引到源源不断的新顾客，因此敢于向可口可乐和百事可乐的霸主地位挑战。它是西班牙的传统品牌，可以单独饮用，也可以与葡萄酒（"tinto de verano"）或啤酒（"Clara"或"Rubia"）混合饮用。西班牙人看齐，美好的La Casera。

植根于共同文化真理中

文化贯穿于我们生活的方方面面——共同的价值观和实践让我们在社交世界中游刃有余。一个经典的市场营销定位策略是专注于（或"拥有"）一个主要的文化建构、赞美它、支持它。艾仕/凌仕（Axe/Lynx）推出的男士喷雾香水对女士有不可抵挡的诱惑力，恰恰运用了该策略。百加得（Bacardi）最近强调"凝聚力"或者说"不驯服"，也是采用了该策略。

找出可以支持的文化建构或认同

许多美国游客到英国游玩时，很难相信亨氏食品（宾夕法尼亚州匹兹堡市的一家家族企业）圆顶高帽相齐名的产品。它之所以在英国成为与英式烤牛肉、因为该公司在1998年足球世界杯热身赛期间暗示，训练营拒绝为英格兰队提供其天然食品亨氏烘豆，从而为其产品造势。

同样地，苹果公司多年来一直鼎力支持其开发者社区——乔布斯生前大部分主要产品发布都是在开发者（而不是消费者）大会上进行的。

匡威一直支持英国的现场音乐演奏，尤其是由于举办不顺利而被迫终止时。因此，当他们听说伦敦最具象征意义的摇滚演奏场所"100俱乐部"（100 Club）由于房租上涨而面临关门时，他们进行了干涉，对吉他粉丝社群表示支持。

提供可以使人们凝聚在一起的东西

人类是社会属性非常强的生物，因此，为人们提供充满激情的、使人们凝聚在一起的东西常常比产品本身更有用。

可口可乐为热衷于玩游戏的香港人设计了一款手机游戏——超克超克（"快快"），玩家可以对打。

克鲁弗兹狗展（Crusfts Dog Show）——相当于养狗爱好者的年度最佳赛犬会——早已成为全国性的电视活动，主要是由玛氏公司的宝路（Pedigree）品牌提供赞助，该品牌也从这种长期的、持续的合作关系中受益匪浅。

思慕雪饮料制造商（Innocent Drinks）邀请其全部客户参加水果展（就像是在伦敦公园举办的市集）。甚至帮助人们彼此互相买卖的服务也通常不知不觉地运用了该策略，如空中食宿（AirBnB）。

让人们相信某些东西

多芬开展的具有里程碑意义的活动——"真正的美"已超越广告宣传的主题。它从深层次上认识到，美容产业常常使女性对她们的身体和她们自身丧失信心。对于市场推广人员，这涉及到教育计划、宣传及游说，还包括以更受女性欢迎的方式展示产品。

IBM对未来的愿景，首先是提供电子业务，现在是为更智慧的地球提供解决方案，而不仅仅是一家科技巨头公司，从而成功实现了重定位。

人们真的乐于去相信——这种"使命概念"就像一面旗帜，可以把人们团结在一起。[56]

把你的机制变为他们的机制

环保运动——和那些致力于以特殊的方式改变这个世界的人一样——一直努力试图以哲理性或"理论性"的论点说服持不同观点的人们。

摆事实，讲道理，列举我们必须放弃的东西，试图改变人们的思维，这些做法只能取得眼前的成绩。我们认为，更有用的做法是将"绿色"理念推而广之。在美国，塞拉俱乐部（Sierra Club）将"保护"上升为（更具圣经意义的）"管理工作"，从而参与到美国"大教堂"运动中来，这是非常著名的案例。

同样地，谷歌为使自己的浏览器与其他浏览器并驾齐驱，于是设计了更佳的网页内容，而不是与其他浏览器争高低。

使其他选择成为社会最底层的选择

社会认同往往是内部团体和外部团体区分彼此的最佳手段。因此，当20世纪90年代百事可乐在美国斥巨资打出"全新一代的选择"的宣传口号时，言外之意其实是"可口可乐是你们父母和祖父母辈选择的"饮料。

在英国，Hobgoblin精酿啤酒抓住了"储藏啤酒男孩"优柔寡断的心理——虽然贮藏啤酒仍然是英国年轻男性的标准选择。

因为微软推出的"笔记本对台式机"的市场宣传，苹果公司和微软公司陷入了无休止的争战中。

与其他文化实践联系起来

牙买加啤酒"红色条纹"（Red Stripe）素来支持国内外市场的现场音乐演奏。在它成为酒品品牌之前——可追溯到1964年"红色条纹"的赞助行为，它为当时刚刚兴起的斯卡音乐提供了赞助（指导如何伴着这种音乐跳舞……）。

成为归属的象征

市场推广人员一直以驾驭文化浪潮而引以为傲，但是极少有人做好准备，适应主要的文化运动。VM披头士乐队成为美国反文化潮流的标志，而Essigoni的Mini车也为摇摆伦敦（60年代英国文化趋势的总称）实现了同样的效果。

使包装成为身份的象征

极少有包装设计能够代表真正的文化认同。可口可乐的经典瓶形是个例外。马丁·林斯特龙（Martin Lindstrom）指出，即使瓶子破损，它也不会被认错，它既表明产品品质，又表明其真实性，然而，更重要的是，它表示出饮用可口可乐的人对该品牌共同的认同感。

捷威（Gateway）电脑公司采用佛里斯式（Friesian-patterned）的电脑包，以此显示它们将与众不同的电脑提供给了特立独行的用户——那些清楚了解自己需要什么的人。

百货公司，如塞尔弗里奇（Selfridges）和布鲁明戴尔（Bloomingdales），都设计了清晰可辨（又非常昂贵）的袋子，旨在以时尚装备作为其品牌的步行代言。

模仿同伴："知名度"策略

知名度

最后，在该图的东南象限，人们主要根据他人的选择而做出决定。但和东北象限相比，该象限的决定目标没那么明确：个体不是跟随少数专家或受到认可的权威人士，而是倾向于观察绝大多数人都在做什么或做哪些比较多。模仿同伴。对于许多决定来说，更多选择意味着更大的成功概率。

许多市场都采用该决策风格，因为很多选择质量都可接受，难以区分优劣。该选择模式容易反复无常，因为人们好像只是在某个特定的时间选择某个东西，这种选择不是由产品的内在品质决定的，它只与被模仿的人有关。

此处要讲的策略都与知名度有关（可感知的或实实在在的知名度）。

被看作是流行的选择

　　这是非常强大的策略，其影响力惊人，尽管流行是永恒的。伟嘉（Whiskas）猫粮仍然是80%猫的首选。亨氏烘豆过去常常宣称"每天一百万家庭主妇"都会打开一罐他们的烘豆。你如何跟得上时尚潮流呢？

激发人们的热情

　　苹果实体店就像是苹果粉丝们的神圣殿堂。从传统意义上来说，它们并没有很棒的零售环节，但其设计提供了一个激发我们对苹果公司及其产品的热情的平台——干净、明亮、卓越的视觉效果，让我们观察、倾听其他人是如何使用苹果最新产品的。在欧洲大陆，Mini车汽车车主俱乐部是激发热情的另一种方式，就像年轻的男女摩托车爱好者们经常骑车出城玩一样。

　　或许做得最好的还是乐高的Brickfest乐高展，在这里，真正热爱积木的成年粉丝们聚集在一起搭积木，并分享他们的创意和热情。现在，这已成为该公司招贤纳士的必要条件了。

　　Makey Makey是"21世纪的发明工具箱"，帮助将日常用品转变为触摸板，并将其与互联网联系起来。该公司所有宣传都是基于向人们展示其他人用他们的产品玩出了什么花样。

艳羡其他人的选择

　　在亚马逊网站上，他人的选择、想法和评论如潮水般涌来——如此之多，以至于很难弄清楚评论的数量——或许可以从其他角度进行思考。例如，看到你邻居门阶上的包裹，你就知道他去过宜家家居了。你怎么能忍住不去看看呢？

做到独一无二

　　只有你亲眼看到，才知道其他人在做什么。苹果公司的音乐播放器的白色耳机在清一色黑灰耳机的对比中犹如鹤立鸡群。马格诺斯苹果酒（Magners's Irish cider）如法炮制，他们把冰镇啤酒放到聚焦玻璃杯里（标新立异、清晰可见），如果需要来点，这就需要两次把该品牌的杯子放到吧台上或桌子上。品牌商品尤其如此——足球"颜色"又该当如何呢？女性癌症慈善活动如"月球漫步"的粉红色标志就是一个很好的例子。

让其他选择看起来魅力不敌

　　这类似于之前提到的可视化策略，但该策略是植根于管理对其他选择的想法。最好的例子是英国税务局发起活动，成功地使人们及时申请纳税申报表："绝大多数人都已申请纳税申报单了"，督促力度非常大。鼓励你足球俱乐部的粉丝们穿上他们"颜色"的衣服是一种有效的构建粉丝团队的方式，这使其他选择无法被广泛接受。

支持具有一定号召力的活动

借助一些可感知的知名度跻身于一个团体的行为或集体热情要比说服大家接受新的热情容易得多。这正是市场营销人员都热衷于赞助热门运动的原因。据说，赞助人们喜爱的运动已是人满为患，又需要一掷千金。英国癌症研究中心却反其道而行之——他们发现许多人在一月份也不饮酒，于是将其推而广之，形成"禁酒运动"（Dryathlon）。

激励围绕你的品牌的仪式行为

仪式行为表明知名度已成为共享的、频繁的，而且往往是高度可见的共识。品牌以及推广品牌的行为可重复利用知名度。

亨氏番茄酱（Heinz Ketchup）一直鼓励（并在广告中扩大其效果）轻拍瓶子就可倒出产品。亨利爵士高级金酒（Hendrick's Gin）鼓励与众不同的饮用方式：在玻璃杯里放上一圈黄瓜。

让人们聚在一起做事（或观看）

粉丝聚会可以营造这样的体验：让人们进一步交流感情。令人记忆犹新的是，世界最伟大的自行车赛——环法自行车赛——最初是由一家报社提出的，目的是为读者提供一些独家报道（他们或许对自行车竞赛感兴趣，或许没有兴趣）。

你如何加入一个现代的、不关心政治的群体？加泰罗尼亚运动爆发于2013年9月，即加泰罗尼亚国庆节，参加人群队伍长达480千米，呼吁加泰罗尼亚从西班牙独立。160万人加入这个高调的运动，从这个国家的一端边界绵延到另一端边界，遍及86个城镇和城市。

金融"恐慌"就像病毒传播一样在扩散，甚至比病毒更有效，因为它让人们一起行动——恐慌、卖股票、在银行排队取现金（就像几年前英国人在北岩银行做的那样）。该方法在减少城市暴力方面已成为一种有效的工作实践，比如，芝加哥的治疗暴力机构（CureViolence Chicago），它是美国一家主要的非政府组织。

全面撒网，重点培养

太阳唱片公司的创始人山姆·菲力浦斯（Sam Philips）捧红了几位百万富翁级的艺术家——约翰尼·卡什（Johnny Cash）、埃尔维斯·普雷斯利（Elvis Presley）、卡尔·帕金斯（Carl Perkins）以及杰瑞·李·刘易斯（Jerry Lee Lewis）（可谓百万富翁四重奏）。然而，为成功挑选这些人才，他也不得不签下一批其他人——那些不可能成为伟大艺术家的人。

谷歌实验室推行了许多可能产生其他事情的有趣实验，但是他们认为这也是数字的游戏。绝大多数事情都不会奏效，然而，谷歌并不在意。如果你的目的是出名，那么你需要广泛撒网。

名人代言（不是专家）

许多品牌都希望名人代言，增加其光环魅力。乔治·克鲁尼（George Clooney）代言的雀巢浓缩咖啡聚集了人气，因而闻名遐迩。詹姆斯·邦德（James Bond）代言的阿斯顿·马丁是电影界由来已久的例子。路虎揽胜与辣妹密切合作，旨在开拓新车型极光，并将此定位为都市女性的所属。德瑞博士的Beats也彼唱彼和，在2012年伦敦奥运会期间为精英运动员提供耳机，鼓励其在运动场上佩戴。

会员发展会员

这是会员组织机构招募人才的经典策略。美国证券交易所多年来就是靠此策略在全球发展业务，但是飞飞（giffgaff）手机网络最近也如法炮制，为成功的推荐人提供优惠资费。其实你也可以从用户支持和同行竞争的角度来考虑这个事情：重点就是请你的用户告诉他们的朋友。有时你必须提供相关的工具来完成这件事情，但是有时候就只是问一问这么简单。

结论

市场营销人员都应感受到有充分的东西可以模仿:从本章归纳的模式策略可以看出,这个世界处处存在优秀的解决问题的方式供你采用。

你只需要了解从何处着手即可。

了解到你应对的是何类事情之后,你就可以信心十足地缩小寻找合适例子的范围。你不需要盲目模仿。

然而,你要如何将此运用到实际问题中呢?

我们下一章见分晓。

"原创为记性不好的人而生。"

——格雷森 · 佩里（Grayson Perry）

本章主要涵盖以下内容。

自己动手：本章主要讲述你如何学以致用，为现实世界的问题制定策略。

制定更佳的策略——更好、更快、更博大。

我们碰到的这些及类似问题，我在此提供了一些答案，这绝不代表我们的解决方案是决定性的（绝非如此），希望能帮到你。

重点是你可以提出你自己的解决办法——你自己*更胜一筹的*（或模仿的）解决方案。

充分施展你的技能、判断、你令人惊奇的天生的模仿才能，以及前一章学到的知识。

亚里士多德两千多年前说过，"做事情之前要充分了解它，边学习边做"。

我们进入正题吧……

BETTER

5

青出于蓝

学以致用，解决现实世界
中的问题

"生命、宇宙及万物的终极答案。"

对于数学家来说，数字 42 最是不平凡的：它是一个"超能力"数字（它是两个相邻数相乘的积，如 6×7），是一个"过剩数"（所有可被 42 除的正约数之和都比此数自身大）。42 也是一个超级完美的数字、一个 stormer 数、一个哈沙德数和自数、一个卡特兰数、一个十五边形数、一个开放曲流数（我已经无法理解它了）。

数字 42 似乎无处不在：在光学中，42 是"临界角"（接近于完整度），彩虹恰在此角度出现。在计算中，微软 Windows 域默认值的密码过期策略是 42 天。在天文学中，猎户星云在专业上也被称为梅西耶天体 M42。

它也具有宗教含义：在卡巴拉教（Kabbalah）中，上帝用 42 天创造了宇宙，巴比伦他勒目（Babylonian Talmud）中上帝的名字包含 42 个字母。古埃及道德法（玛特）中有 42 条规定，《死亡之书》中 42 位神和女神出席了（上帝对人类的）最后审判日。古腾堡圣经（Gutenberg Bible）是学者们广为熟知的 42 行圣经，因为每一页都有 42 行。

《爱丽丝漫游奇遇记》一书中有 42 张插图，伟大的棒球运动员杰基·罗宾森（Jackie Robinson）穿的是 42 号球衣（他现在退役了，只有在 4 月 15 日美国职业棒球大联盟当天才能看到它的身影——杰基·罗宾森纪念日，当天所有棒球运动员和官员都身穿 42 号球衣）。一对标准骰子有 42 个点，当然，板球比赛规则也是 42 条。42 是国际奥林匹克数学竞赛的满分，该数字也是获得国际文凭大学预科奖励的最高得分。《启示录》告诉我们野兽将统治地球 42 个月。

问与答

我们大部分人认为 42 最出名的还是在道格拉斯·亚当斯（Douglas Adams）的科幻代表作《银河漫游指南》（*The Hitchiker's Guide to the Galaxy*）中，它是"对生命、宇宙及万物的终极问题的答案"。亚当斯认为这需要一台巨型超级计算机 750 万年才能计算出这一答案。

遗憾的是，正如其作者所说，竟然没有人在答案出来之前想过这个终极问题到底是什么。知道答案是 42 没有什么意义；你需要知道，先有终极问题，然后才有答案。亚当斯认为，这就意味着需要构建真正的超级、超级、超级计算机来计算出答案为 42 的问题。

我认为问题本身比答案重要，这就是我们为何在最后一章让你理清我们在本书提出的 3 个核心问题，帮助你应对不同种类的策略问题：

> 🐑 **这属于何类事情？**
>
> 🐑 **什么解决方案合适？**
>
> 🐑 **这看起来像什么？**

不要担心——尽管本章开头讲述的一些数字比较费脑子——本章讲述的会是非常实用、而非理论性的内容。重点不是你的答案是不是绝对正确，而是你要学习如何给自己提出问题。

不过，在我们开始看第一个例子之前，我们先根据上面 3 个问题回顾一下这个简单的过程。

1. 何类事情

"何类事情"的问题非常实际：如果你家的热水器坏了，你希望工程师不只了解这台热水器——或者你的房子——而是还要了解热水器的工作原理，了解它们为何与不同房子、不同管道支架不能耦合，以及在修理的过程中会发生什么。

> **"搞清'何类'的问题具有非常实际的意义"**

如果你的车启动时发出了奇怪的声音，加油站技工不想知道它是升 C 调还是降 B 调。或者是嘟嘟哔哔声还是哔哔嘟嘟声（虽然对于有些计算机来说，这种错误信息可以对问题提供精确的诊断）。对绝大多数力学来说，声音的类别非常重要，各种不同的声音对于不同的汽车在不同的环境中表明的是不同的问题（不仅仅是你的汽车如此）。

如果你希望阻止一个群体做一件事，或者让他们开始做其他的事，掌握你正在应对的是"何类事情"永远至关重要。它是何种行为？其他什么行为和它相像？你从中了解到其他什么行为？

大象陷阱

　　本书背后一个理念就是，你着手处理策略的方式与你所拥有或使用的策略工具或技能同等重要。策略通常是指你正在从事的事情——你只需要迅速制定策略。我们将该做法称之为"意识形态之光"，正如我们坚定的政治朋友所称的。但是对于任何形式的人类行为，策略运用都有暗含的假设条件，这是默认假定，这些潜在的假设条件可以把我们引向歧途。

　　下面是策略家在着手处理策略的过程中常常陷入的两种陷阱，他们没有质疑应如何做以及做什么：高尔夫球手或许称之为"我最喜欢的俱乐部"以及我们前面提到的"独一无二的专横"。

　　"我最喜欢的俱乐部"是业余高尔夫球手经常犯的错误：你不是切实研究面前球场的挑战（想出合适的应对方法），而总是想着去拿可靠的5号铁杆。在钓鱼圈里也有这个现象——我有两三个上等的鳟鱼钓绳，我一直用它们，甚至没有想过为什么，因为好像过去这些钓绳总能为我钓到鱼。不用它们，我没那么自信。

　　就策略来讲，这意味着以你惯有的方式着手解决问题（"因为在我这个领域就是这么运用策略的"）。我们在市场营销和政治圈看到过很多这种情况。教育学家喜欢测试和早期干预。市场推广人员喜欢"更大的影响力"以及"革命性的新方法"（有时）。

> "意识到独一无二的专横——你永远都无法对任何一件事情的'最初条件'掌握得足够透彻。"

　　策略家容易陷入的另外一个陷阱是迷失在具体案例的细节中——独一无二的专横。这是因为我们策略家认为，我们面临的每个问题都是独一无二、与众不同的：只有极其详尽地描述问题的独特性，大家才能给出正确的反馈。现代科技似乎投其所好——它为我们提供了越来越多的数据点和更多的问题来评测。正如纳西姆 · 塔勒布（Nassim Taleb）指出的，这就产生了更多的噪声和更少的信号。[57] 当然，反应时间比较缓慢。这在市场营销、管理和政策领域非常普遍。

当然，了解每个案例的细节大有裨益。然而，在现实世界中，这种特定事件的理解在事件发生时并不是特别清楚，一切尘埃落定后，才能更好地理解它。例如，《镜报》伦敦政治经济学院根据 1957 年芝加哥暴动事后研究的方法论，对 2011 年伦敦暴动进行了深入研究，如果你要在事件发生时为伦敦的警察局长或政治家提供建议，那么该研究就没什么意义了。

在绝大多数情况下——无论你正在应对的是一项服务中断给社交媒体带来的负面影响还是正在将新产品打入竞争市场——你都需要正确理解你所处理的是何类事情。你永远不可能对于科学家所称的一种现象的"初始条件"有完美的了解和掌握，所以克服这一点吧！

那么你从哪里获得这些有用的理解呢？从再一次问"哪一类？"问题开始。从把一件事情植入其他案例的环境中开始。从回顾过去开始，跨越类别，跨越国界。

2. 何种策略

了解到你着手处理的是何类行为之后，你很快就会知道该选择何种成功的策略。或者，至少你知道从样本的哪一部分翻找（第四章）。

你只需要把握前进的钥匙，模仿相似的成功策略或你认同的其他人所选择的策略。这就是现实世界的情况：例如，思考一下十年前市场营销界一窝蜂地建立忠诚度或客户关系管理计划；或者，最近大家蜂拥而起，运用社交策略或脸书或一些顶级的文本分析能力。出现这样的结果不是因为深思熟虑的决策，而是模仿成功的企业并顺应炒作。

并不是说我认为这种寻求解决方案的方式从来都是错误的——很明显许多人过去采用这种方法取得了成功（虽然绝大多数人都没有成功）。问题是：如果连问都不问"何类"问题，如"我们面临的是何类问题？"，你就如同在黑暗中摸索：而且是孤注一掷的模式。

我们样板书中描述的每个策略之所以会在书中提到：（a）因为它在其他地方已然取得了成功；（b）因为可论证它对该类事情是成功的。因此不要着急找答案，而是先问自己"什么事情能解决这类问题？"

不要专注于试图寻找完美的独一无二的答案——选择 3 种、4 种或者 5 种看起来合理的答案，然后予以开展。这将阻止你内心完美主义的一面占上风。开始"谍影狂模"吧。

3. 它看起来像什么？

我们在第二章用大量笔墨介绍了优秀地模仿（与糟糕的模仿相对）——灵活而非亦步亦趋。本章将此部分内容落地。

- 首先，放眼全局地模仿——借鉴非直接市场或环境的例子。

- 其次，模仿多个，而非寻找完美的单一——除了你选择的第一个策略外，一定还有其他方式可以解决问题，所以分类整理出 15 ～ 20 种可能的策略一定比试图寻找孤零零的一个完美策略的效果要更好（而且快）。

- 第三（或许是最重要的一点），确保在模仿的同时进行改变。这就是说从对"何类解决方案"的抽象的概念转移到实际、具体的方法。绝大多数人都觉得这容易实现——当然要比自己凭空想出一个全新的主意容易得多（这是创新和发明之间的差异）。画出来，写下来，展示出来——如果你喜欢，还可以唱出来！

我们一直鼓励对最终问题采用实际的、而非概念化的答案：它看起来像什么？有何种感受？客户体验怎么样？它为什么有趣？当然，记住，这只是最初的答案，而非最终版本。

一个有效的测试是这样的：在你不解释该概念的情况下，看看你老板能理解多少？

发明家吉姆·欧文（Kim Erwin）如此说到：

> "构建思考原型"。[58] 为其他人提供"足够的经验以思考该概念，而不分散表明更详细想法的细节和高品质工艺……不需要优美或完整或准确，而是通过切实对象来帮助团队学习、实验并发展未成形的想法"。

对这类事情你能得到立即反馈。"可靠的、但是粗略的"，正如希瑟·李维（Heather Reavy）指出的那样。[59]

皮克斯动画工作室（Pixar Studios）获得的非凡的成功，至少部分原因是由于团队为每一个想法都打造了这种粗略的"构建思考"原型[60]：未经加工的电影（胶片盘）是根据脚本而拍的，帮助展示导演希望展现的故事，探索讲述一个特定故事的实际情况，从而从导演、顾问和公司同事（皮克斯智囊团）处获得反馈。正如皮克斯动画工作室总裁埃德·卡特穆尔（Ed Catmull）指出的[61]，如果不是以这种方式开展工作，那么斥资几百万美元的电影《飞屋环游记》（Up）将落入俗套，变成这样的故事：在天空中的一个城堡，两个相互仇恨的王子进行生死决斗以期望回到云端，建立自己的王国。

将你的策略转变为——我可以给予回应的一件东西（而不是一个概念板或一个文件）。

接下来的内容

下面要介绍的是你提出这 3 个问题时面临的一系列现实世界的挑战。

如果你试图解决实际问题，请尽你所能研究所有例子（不要跳过某些例子）。

在这个过程中，请谨记答案本身没有那么重要，重要的是你如何考虑问题。

祝你好运！一切顺利！好运相随！

挑战 1：Mygizmo

摘要：你将向现有品类发布一款新产品——比如说一种消费电子产品。

你进入市场的策略是什么？

许多专业人士将此类挑战默认为他们之前的做法——向媒体宣传，采取之前有用的技巧。

或者选用该品类或产业的默认做法：市场中其他企业是如何应对的？这个特定市场的规则是什么？

或者采用去年成功推出（填入你最喜欢的品牌）产品的方法。

除此之外，在寻求更佳答案的过程中（有时，坦白说，在为我们一直希望采用的更奇特的策略准备理由的过程中），许多人挖掘得更深入：深入到具体产品的品质，希望发掘针对观众的深刻见解，找出描述产品的独特方式，或者之前从未有人发现过的独特定位。

为独一无二的问题提供独一无二的回答。

好吧，你可以运用上面的策略，但是我们可以尝试问一些"何类"问题代替上面的方法。

何种行为？

再次拿出你的笔和纸，画出下面的工具图：

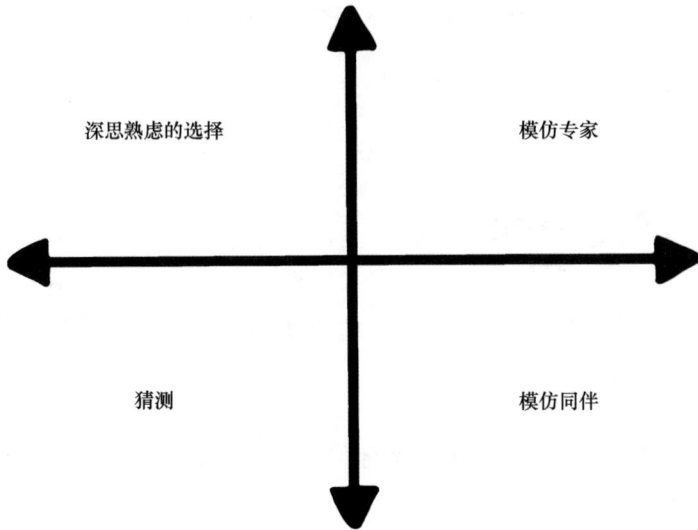

深思熟虑的选择　　　　　　　　模仿专家

猜测　　　　　　　　　　　　　模仿同伴

现在思考一下，在上图的分类中，你是否了解人们是如何购买的。是什么样的选择？

人们仔细思考几个选择的功用，然后购买（西北维度），还是只是购买看起来最特立独行的，因为所有选择都是一样的（西南维度）？还是向他人看齐，追随少数专家或权威人士（东北维度），或者购买感觉最流行的（东南维度）？

无益的"事情"之类的事情

制造类企业往往认为，个人选择其产品是按照这种方式进行的——即古典经济学秉持的方式（他们告诉自己是这样的）。也就是说，比较他们面前不同选择的功用和成本。根据产品的品质做出决定（好像他们想象他们自己做的——"我可不会被这些营销花招忽悠了……""我不会受广告的影响"）。

当然，这在许多制造类企业里真的非常适用，因为它严格遵守组织中有决定权的机构——工厂及其（非常理性的）设计人员。甚至在供应过剩的商品化市场（你最近买过电视吗？一排又一排（大型、超大型以及巨大型）超薄黑色电视，其技术操作特点都非常复杂，就连销售人员都难以掌握，更不用说清楚表达了）。

虽然医疗专业人员和政策制定者并不总是面对明显来自工厂生产的产品，但是他们也是这样思考的。作为专家，他们了解你应该做什么，假定告诉你去做什么，以及这样做的原因是什么。如果他们可以让你仔细倾听他们所说的，并且按照他们说的去做就好了。

如果你曾经听到会上讨论说有必要"教育"观众，这显然说明该会议假定看到的事情和了解到的事情是开启针对性行为改变的关键所在。同样地，政治家说"我们没有清楚传达我们的意思"，这很好地说明他们认为选民就这样糊里糊涂投票了。

"仔细想想人们实际上是如何购物的。"

这就是通常所讲的"信息障碍"交流模式。也就是说，关键信息可以改变产品或事情结局——关于产品的信息、理想行为或投票站里的选择。这看似是透彻思考问题的最合适的模式，实则不然。

制造类企业喜欢百万像素和帧速率以及水晶般清晰的颜色，等等。消费者也会这样想吗？

"再次审核你的假设。"

面对现实

如果默认设置是正确的，那么明显决策风格应该属于西北维度——深思熟虑的选择。

然而，实际上人们是这样选择的吗？这真的是人们购买或曾经购买电器的方式吗？

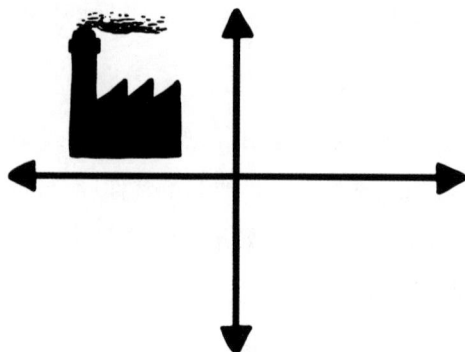

这时，你可能注意到了该图上特殊的部分：如果你信奉口碑营销，那么你寻求的是东北象限及其少数有影响力的个体；如果你喜欢推动式方式，那么你会发现你更喜欢西南象限——在这里，个体认知偏见占主导地位。努力抵制这种诱惑——从现在开始。

东或西？

现在开始思考购买者选择某类产品的方式是基于独立的决策还是其他人的决定？换句话说，是我们分类图中西边的还是东边的类型。

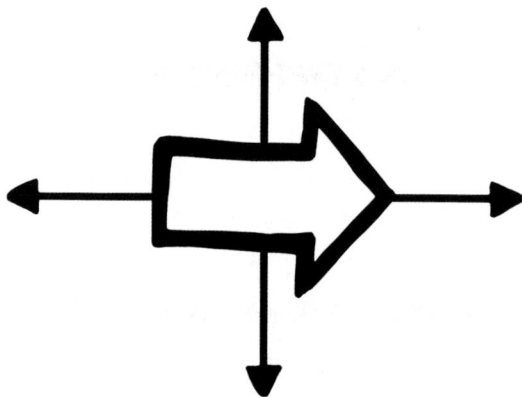

或许你会问，推荐在这个市场中是否特别有用。

- 亚马逊上充斥着产品点评吗？

- 在其核心地带，有专家建议的交易评论吗？

- 有在线社区讨论产品、产品优劣以及用户体验吗？

- 其他人可以看到谁购买过该产品吗——是购买之时还是其他时间？

- 是否有嵌入了其他文化传统？

- 它涉及社会地位或社会身份吗？

上面任何一条都表明该类型是以社会方式选择的（该图的东边象限）。

事实上，在绝大多数消费电子品类中——从照相机到笔记本电脑——种类都数不胜数。所以，如果你是往这个方向思考的，那么下一个问题就是，你研究的是模仿专家（东北象限）还是模仿同伴（东南象限）。

解决这个问题的一个简单方式就是，研究个体是否追随少数专家或权威人士（注意，这里不仅有一批自封的专家向这个世界宣扬他们的观点，重要的是个人是否听从于他们）。

"个人追随少数专家或权威人士吗？"

另外一种方式就是思考拥有或使用产品的标志有多重要——它对消费者及其同伴都分别是怎么标榜自己的？时尚和潮流是来无影去无踪，还是行为模式在相当长的时间内都能保持稳定？它们是遵守群体认同的关键吗？

如果对第一个问题的回答是肯定的，那么你很可能研究的是东北象限。如果答案是否定的，或者你对第二个和第三个问题的回答是肯定的，那么你可能研究的主要是东南象限的选择风格。

两类事情？

你得出的结论是，实际上，人们在这个象限的选择方式是基于模仿专家和权威人士（也就是东北象限）。这就是经典的巴斯扩散的工作方式——产品或许品质优良，或许不是，但是你是从专家口中了解产品的。

这与我们认为的客户考虑的方式形成了鲜明对比——记住，绝大多数制造和工程设计企业都认为人们是根据产品内在品质、智能特性及其功用（即西北象限）来做出选择的。

何种策略？

如果是真实的，那么这是一个重要发现。它表明，通过简单采用切合人们实际选择的策略使人们购买 Mygizmo，就有很大可能提升客户能力。战略家们，对你们来说这可是无人防守的球门啊。

因此，不要只专注于更胜一筹篮子中的策略，应该分析指向专家篮子中的策略思考。我们来比较一下有关两者的例子。

更胜一筹篮子	专家篮子
构建明显更佳的捕鼠器	拥护专家用户
以高价表明更优品质	让他们聚在一起做事
限制供应，凸显更佳	找到提供支持的社会架构
免费试用	找到专业制造商，支持 *Mygizmo*
打造全新的稳定性测试，表明更佳效果	成为所属的标志
数量致胜	与社会认同相联系
确保满意度	与其他社会实践相联系

当然，这一关注点上的变化对交流工具和渠道也有很大影响。

从更胜一筹的效果上来讲，更多传统的交流思维将占上风：你会自上而下考虑渠道，把信息传达给个体买家。重点是可以使你的受众了解更充分。

从专家的角度来说，你对媒体作为"渠道"传达信息的这种方式考虑得少一些，考虑更多的还是让你的受众看到、听到专家的建议和偏好。

这并不是说你不需要使用传统工具，而是更新的社会平台将更具有影响力。

"运用切合人们实际选择的策略是件好事。"

向我展示

一旦你确定策略和案例后，就需要提出以下问题。

* 它在我的市场上会表现如何？

* 如果你打算在市场营销计划中模仿它，你会怎么做？

不要试图改变或评估——只需模仿，然后转变为一个简单的概念原型。

* 将你借鉴的"找到专业制造商支持 Mygizmo"的策略案例转变为一个假设，例如"招募美国宇航局的首席科学家成为你的德瑞博士（代言人）"。

* 从"为人们提供可以共同完成的事情"转变为"为所有 Mygizmo 的早期采用者在 Sxsw 大会上组织秘密活动"。

* 从"找到提供支持的社会架构或身份"转变为"针对未被大型科技公司占领的制造商群体"或者（在美国）与教会合作，他们或许会帮助你传播你的想法。

* 其他。

这里的重点是（a）模仿；（b）不受约束的模仿；（c）模仿许多事情；（d）模仿时加以改变，并付诸实践（详见第二章）。

一霎间，你从毫无策略发展到具有真正的关注点和一些值得市场测试的东西，而且前景广阔。

挑战 2：凯撒的当归凯撒

下面是关于公共政策面临的不同挑战。

你如何让人们按时报税？

数百万美国人都延迟申报，英国人也是一样。坦白说，我自己也出过这样的差错。

对所有税务机构来说，延迟申报不仅仅只是一些行政问题：迟缴税收收入（他们也需要考虑现金流余额）会让政府花费一大笔钱，而且这常常是拒不纳税的早期信号。政府既不喜欢延迟申报，也不喜欢延迟付款——他们需要这笔钱以及它带来的信任。

美国和英国税务机构都采用了大量的威胁和惩罚措施刺激迟交者。尽管税务机构付出了种种努力，我们中的许多人仍然进行抵抗，从来不会抽时间提交这些书面资料。

你还有什么办法可以帮助税务员？

把钱秀出来

第一个任务是再次问这属于"何类"问题：我们针对的是何种决策？人们为什么要延迟申报？这是基于深思熟虑的选择吗？是合情合理的还是情感使然？

或许人们未意识到延迟申报立即导致的罚款及其他处罚。对许多人来说可能是这个原因，但是两个国家的税务机构一直都在通知其截止日期（该日期每年基本不会变）及罚款。同样地，美国还有许多财务和税务顾问在该截止日期快要临近时不断宣传该日期及其罚款和处罚。当你全面采用该策略时会发生什么还值得商榷。

然而，为什么有些人仍然不按时申报？

或许打开不申报者行为钥匙的关键是行为经济学家带给我们的深刻分析。许多财务决策是在该图的南部象限——而非西北象限。坦白来讲，人类与深思熟虑的财务服务决策从来都不能很好搭配。我们不善于"做算术题"，即使我们可以（这是开拓性行为经济学家丹尼尔·卡尼曼（Daniel Kahnemann）研究病患与医护专业人员的决策而得出的主要结论之一）。"做算术题"肯定属于西北象限。

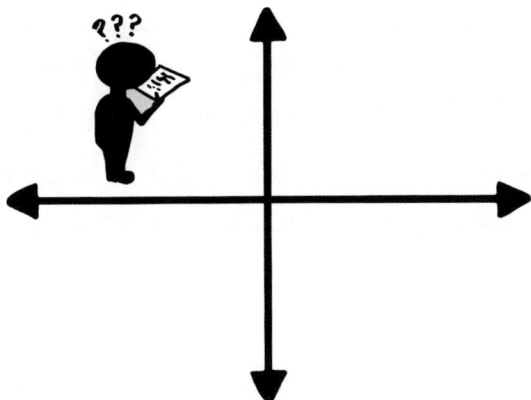

这就是为什么我们绝大多数人都在旅行保险、个人银行账户、或我们的能源账单上陷入困境的原因：我们不思考这些数字是怎么来的。

做算术题

我的老朋友亚历克斯·巴舍乐（Alex Batchlor）给我讲过一个有意义的故事，是关于向一群专业会计师发难，质疑他们是否乐意"做算术题"的。首先，他问大家谁能计算资本资产贬值的值。绝大多数人都举手示意可以，作为财务专业人员，他们可以做基本的算术。然后，他请最近几年购买新车的人继续举手。还是有很多人举着手，或许他们为这一举动显示的职业成功而自豪。然后他拿出了杀手锏："你们在选择车的时候，有谁运用自己的数字技能计算过？"沉默——只有几双手在高举着。

这就是事实，即使是对我们这些人中最聪明、最会计算的人。事实上，诺贝尔经济学奖得主丹尼尔·卡尼曼及其研究搭档阿莫斯·特韦尔斯基（Amos

Twersky）在我们现在称之为"行为经济学"的研究中的一项非常重要的成果表明，医护专业人员和病患一样都不善于计算结果和概率（不比你想象的训练有素的、会计算的科学家强）。

我们绝大多数人大部分时间并不像我们认为的（或者告诫自己应该这么做）那样经常动脑。卡尼曼及其搭档描述了我们大脑中的两个思维体系：体系 1 是关于所有直觉的、大概的事情，使用速记法——启发式教学法——经验法则；体系 2 是关于合理的、深思熟虑的、逻辑的事情。虽然我们大部分人都希望是体系 2 在主宰我们的生活，然而却是体系 1 帮助我们应对复杂动荡的环境，并且逐渐发展壮大。它快速、有效，并且——虽然它使我们容易犯许多错误，却是心理学家和自助书籍作者所钟爱的——它令人难以置信得有效。

惯性的力量

许多金融服务企业探索的另外一个方面是我们的惯性——我们不情愿仔细研究糟糕的交易，甚至是有合同约束的情况下。英国政府近年来付出了不懈努力，迫使银行和能源供应商尽可能使变更变得简单，然而他们仍然难以激起我们的兴趣，即使过去 10 年价格上涨了 100%。英国 75% 的家庭目前都要上缴标准能源费，该费用的成本比最便宜的能源成本都高。甚至在 2013 年第四季度，当工党领导人艾德·米利班德（Ed Miliband）在能源价格上引发了一场媒体狂潮时，仍然只有不到 2% 的英国家庭改换了其供应商。

习惯或惯性或凭猜测所做的工作，无论是什么，财务决策多半都是在西南象限。

那么，我们建议税务员使用什么策略？

建议西南象限的策略

加大宣传力度

使其难以选择其他产品

> 使其轻松选择你的产品
>
> 激励理想行为

加大宣传力度

这就是制定政策的人常常建议的：提高对细节的意识，然后让个体做出自己的选择。这不完全错，但多大力度才能产生差异？你何时能达到收益递减的程度？

强调负面影响，使选择延迟申报变为很难的事情

政治家喜欢这种解决方案，它常常能奏效：夸大延迟申报导致的惩罚与限制。不一定错，但是一般情况下收益也在递减。

奖励早期申报者

借鉴"保理"实践：为早期申报者提供现金优惠（例如，3个月）（注意在商界，你需要小心，对于按时申报的人，你提供的并不是现金，而是这种促销优惠）。

使早期申报变得更容易

一种方法就是把去年的申报单再寄出去，并说明如果他们没有调整的话，需要申报的数字应该是相同的。

另外一种方法就是简化申报单表格——降低复杂度或者接受概数，而不是太具体的数字。

给予早期申报者情感奖励

提醒前几年延迟申报的人按时申报，他们会感觉更好。让个人从上一年开始给自己写信/邮件，然后你可以在来年的截止日期前发给他们。

超越西南象限的战略

除英国行为研究小组过去三年研究的所有优秀的案例外，这个特殊的财政

问题提供了最佳的学习机会。[62]

尤其是，东南象限采用的"社会证据"战略优于所有其他策略。例如"90%的人都已经申报了——你为什么不申报呢？"这样一封信令你陷入思考，所以该策略要比其他的都好。

为什么会这样？简单来说，这表明有针对性的行为现在或许受到自主选择的个体的影响，鉴于他们可能会跟从周围人的选择。

反思我们对人类财务决策合适性（不合适性）的了解具有很大的意义。并且不要采用政策制定者喜欢使用的西北象限的策略（解释按时或延迟申报的优缺点）。

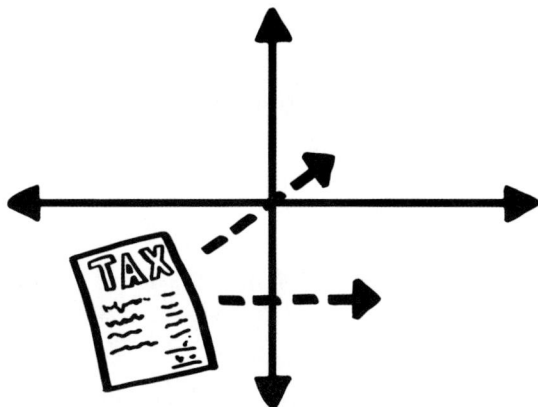

如果情况是这样的，你还有可以采用的其他社会策略吗？这是来自东南象限和东北象限的一些建议，或许会有用。

专家 / 权威人士	知名度
让人们一起做事 在美国，Intuit 公司已开始鼓励纳税申报机构进行人口统计。这种方法对你起作用吗？	**普及礼仪行为** 当人们申报后，你有没有鼓励大家做一个动作？比如表示"完成"的击拳？
成为归属感的标志 你能把"我已按时申报"的荣誉标志展示给某些群体看吗？在线或在他们的社区媒体上展示。	**保持展示** 你如何让大家看到按时申报的人？你有让大家可以展示的签名吗？

续表

专家 / 权威人士	知名度
与文化实践联系起来 有没有教会或其他小组可以为你的信息提供可靠的渠道？你可以构建或开发一个平台，以相互影响吗？	**支持运作中的事情** 有没有体育赛事或活动正好发生在截止日期之前？你可以为它们提供支持吗？
呼吁专家支持 有没有你的受众会听从的商界人物或企业家？全国性的或本地的。	**请名人代言** 统计的人口中有没有一位名人"已申报完毕"？ **让拒不申报变为非主流** 数字是多少？ 10% 够小吗？
等等	

你会怎么做？

再回去研究东部象限的模式策略，看看你还能想到什么主意。

挑战 3：当社会性成为问题

前两个案例中，社会策略（该图的东部象限）已证明是转变针对性行为的关键因素。

然而，在许多其他情况下，正是社会决策风格使针对性行为难以改变。许多选择要么是深深植根于文化认同中，要么与其他社会性很强的行为紧紧相连，要么他们对个体间的相互关系提出棘手的问题。

以洗手（或者美国疾病控制中心所称的"消毒"）为例。

干净的双手可以防止传染。保持双手干净可以把疾病阻挡在家、学校和工作场所之外。手部卫生是医疗机构、日托服务、学校和公共机构保持食品安全的主要防御措施。

然而，付诸实践比人们想象的要困难得多。

不管教育人员怎么说，甚至更了解该实践的医疗专业人士也很难高标准做到（不仅是在英国医院）。赢得争论——直截了当地或动情地陈述事实——似乎不足以改变或持续改变行为。为什么阻力会如此之强？

造成该问题的部分原因，一是多年来养成的习惯，再就是这些行为常常都是私人的或与私人选择相关的（洗手和浴室都是私人选择）。这些场所之外的洗手似乎没什么必要，反而表明其他意思（例如，神经质或不信任）。缺失的是其他人都是这么做的感觉。

如果情况是这样的，那么最好从东南象限和知名度分类里选择合适的策略：你或许可以选择在公共场所（高流量站点和看望病人的地方）部署洗手和清洗设施。你或许可以在公共场所供应大量消毒剂，再次给人留下普及的印象。这里就不再一一列举了。

不同的人产生不同的反应往往表明一些东北象限的（文化的）力量在起作用。以下图为例。

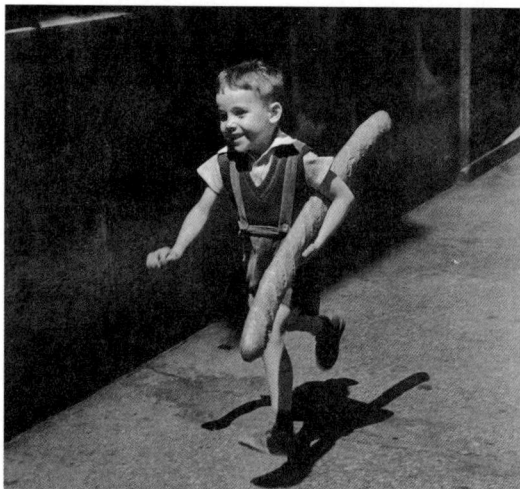

巴黎小男孩，摄于 1952 年法国巴黎
来源：*Succession Willy RONIS/Diffusion Agence Gamma-Rapho/ Masters/ Getty Images*

你我可能会觉得这个用胳膊夹着法棍面包奔跑的小男孩很可爱，但是我的朋友 Andrew Missingham 指出，西非人（或许还有许多美国人）认为这似乎是极其不卫生的。把未包装的食物放在你身体温度最高、最爱出汗的部位，似乎就是想吃不卫生的食物。

与此同时，英语语系中不同文化的人听到"消毒"这个词会联想到不同的意思，这表明造就现状（即东北象限）的还有其他大的文化因素。

在美国，消毒一词指的是保持干净、健康，消除有害细菌；在英国及欧洲其他地方，消毒是指去除自然出现的东西。消毒可表达很多看法（不干净），反之也成立（在英语文化中你无法逃脱这种印象）。坦白说，美国人对湿纸巾和凝胶剂的痴迷在许多英国人看来简直可以说是神经质。对一些有个性（强迫症）的人来说，手部消毒是可以欣然接受的，而对许多人来说，这简直是不可理喻。

如何解开文化上根深蒂固的行为枷锁

如果你发现情况正是如此，你将不仅需要普及策略来驱动英语机构的行为传播了：你也需要掌握东北象限的一些策略来反击对抗洗手的强大的文化偏见。

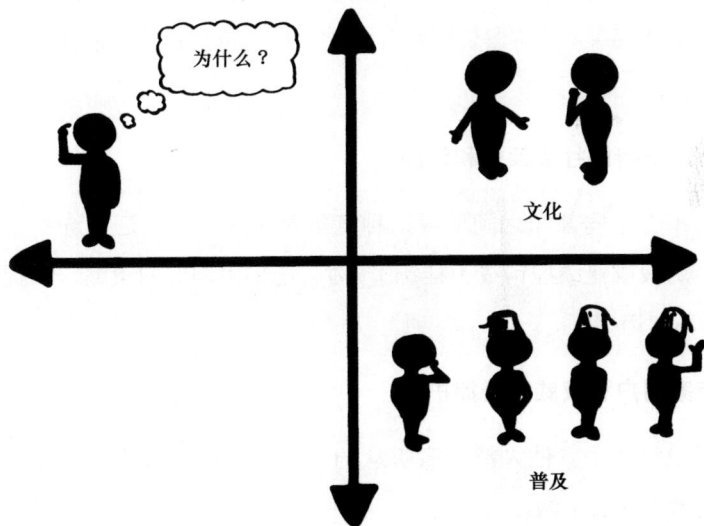

那么我们可以采用什么策略呢？

推荐的东北象限的策略

让人们能共同完成某件事情

让包装成为一个标志

找到可以支持的社会架构和认同

得到专家用户和权威人士拥护

下面是对我有吸引力的一些想法（以及这些想法的策略基础）。

让人们能共同完成某件事情

为什么不让洗手成为一种仪式呢——在会议和磋商开始和结束的时候？双方在谈话开始或结束的时候一起来做这件事情。或许一开始集中精力擦拭桌子（餐巾纸，而不是湿纸巾），以此假装洗手。

让包装成为一个标志

不要把洗手和消毒产品与医疗、健康或浴室联系起来（现在就是这种情况），而是让它们与高端挂钩——和银质烟盒代表的地位一样。这也会产生打造"社会目标"的效果——人们可以就此相互交流。最初只限地位高的人才能享用——或许是关键团队人物。

找到可以支持的社会架构和认同

为什么不在不同部门之间形成这种竞争意识——互相汇报洗手液的使用情况（将此与病假或业绩挂钩或不挂钩）。酒店已采用相似的策略，以提升床上用品／洗衣循环利用率。

得到专家用户和权威人士拥护

找出组织机构中其他人都愿意听从的人——例如，最佳销售或最棒的外科医生——让他们带头去做。

文化和社会选择对事情的影响力往往超出你的想象。

- 为什么美国人喜欢喝烈性白酒,而英国人起初钟爱饮用啤酒,现在又改为饮用葡萄酒?答案是文化。

- 为什么父母的教育方式难以改变?答案是文化。

- 为什么女性割礼的风俗依然在延续,尽管对民众的教育从未中断?答案是文化。

- 为什么斯堪的纳维亚人(与美国中西部的人)午餐和晚餐的时间都这么早?答案是文化。

- 为什么英国政客发生婚外情后必须辞职,而法国却没有这样的规定?答案是文化。

- 为什么美式餐厅的顾客期望无限的咖啡续杯,而意大利人不这样?答案是文化。

- 为什么哥伦比亚飞行员无法——正如马尔科姆 · 格拉德威尔(Malcolm Gladwell)在《局外人》中所指出的——告知彼此(以及纽约苛责的)航空调度员他们没有燃料了?答案是文化。

- 为什么美国式领导风格并不是每个地方都适用?[63] 答案还是文化。

我们学到了什么?

我希望对前面一些案例的探索可以让你更自信地研究这个四分图及策略样板书。

在第一个挑战(Mygizmo)中,我们只是展示了对"何类"问题运用最佳方案的价值:挑战目标行为的假设开放了许多更适合、更有效的策略进行测试。并且实施迅速。

在第二个挑战（税收申报单）中，我尽力进一步鼓励你摆脱错误假设，即这个市场的专家所信奉的金融决策——人们在做出金融决策时所做的或所考虑的问题（西北象限）。这一点解决后，其他的——更多社会性的——策略就会浮出水面，解决方案很快就会出现。

在第三个挑战（当社会性成为问题时）中，我鼓励你思考现状是如何产生的，了解不挑选阻碍行为改变的东北象限因素的需要。

此处需要谨记的关键是多问"何类"的问题

- 这属于哪一类事情？

- 什么策略可以解决这个问题？

- 每个问题看起来如何？

最后一个例子看起来离我们大部分人都很遥远，但是它表明，模仿、模仿、再模仿这一方法是如何帮助制定策略和解决方案，从而应对甚至最不同寻常的挑战的。

我们全力前进吧！

最后一个挑战：社会动乱

"四月末，春暖花开，万物复苏，风度翩翩的威廉王子和光芒四射的凯特王妃坐着马车从大街上穿过，两边都是热烈欢呼的人群，这一刻，全世界的眼球都聚焦在伦敦……四个月过去了，全世界再次关注着伦敦，这里穿连帽衫的青年发生了骚乱。"

首席拉比，乔纳森·萨克斯（Jonathan Sacks）[64]

2011年8月5日，伦敦及英国其他主要城市发生了一系列社会暴乱和抢劫事件：年轻人徘徊在街头，警察警力不足，缺乏后勤支持。媒体报道铺天盖地——城市仅乌托邦的灾难正在上演。

假设你就是万众期待的那个人——首相的战略家。

为了应对本次前所未有的社会骚乱，他 / 她应该或不应该做什么？所有其他顾问都极力想达成最佳应对政策。只有你有机会独自考虑清楚。你认为政府应从何处着手应对？

我们开始前，先写下你首先想到的三个战略。为什么？不要在这点上纠结太久。

战略 1

战略 2

战略 3

哪一类事情？

你遇到的所有案例——在本书以及现实世界中遇到的案例——首先要做的工作就是对你研究的现象背后的行为进行分类：这属于哪一类事情？

这次社会骚乱的导火索是在伦敦北部的托特纳姆，平民马克·达根（Mark Duggan）被伦敦警察厅的警务人员枪杀，随后对其家人及其朋友的抗议不予理睬，漠不关心，处置不力。事件发生几个小时后，该自治市镇的年轻人开始烧毁汽车，打砸窗户，攻击被派去驱散他们的警察。

"发生了真正的暴乱……或许是一场革命？"

时间飞快地过去了——转眼到了星期天，然后就是星期一，就到了工作日——骚乱者们开始抢劫掠夺（电视和训练器材似乎是受欢迎的选择，虽然有人因为偷了一瓶水不幸被关进了监狱）。这场骚乱不仅很快波及整个伦敦，而且扩散至英国其他城市，如伯明翰、利物浦和曼彻斯特。

曾几何时，人们认为发生了真正的暴乱——那种自我组织的大规模暴动，以前我们在好莱坞经典的反乌托邦式的惊险片中、在探索谋杀和混乱肆虐的世界末日的暴力视频游戏中、在任何未来城市革命的狂热梦幻中才能看到。一场暴动。或许是一场革命？

在这种情况下，伦敦许多遵纪守法的办公室和商店员工都早早离开工作场所，希望避免落入这场疯狂的、未被定性的事件的魔爪中；茶水间里的谈话全是关于前一晚疯狂暴乱和不受控制的邪恶的恐怖故事，关于社交平台上新奇怪异的秘密消息，当然还有关于那些死里逃生讲述这些故事的人。

现在思考一下

你现在了解正在着手处理的是"哪类行为"了吗？

像以前一样，自己画一对轴线。

你把骚乱归类到哪里？它在东西南北哪个象限呢？

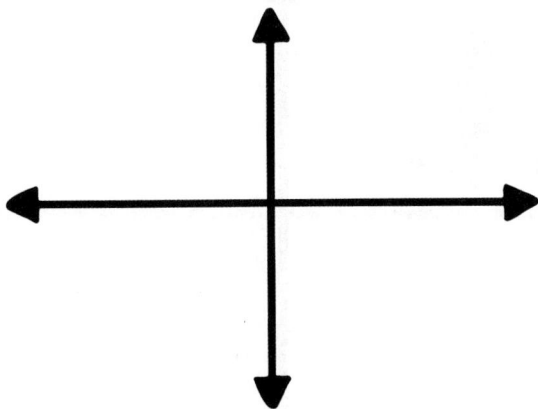

属于哪类事情，首相？

政治家和媒体评论员根据令人质疑的假设和"常识"，认为当时形势不言自明，采取了相应的处理方法。因此在我们进一步探讨前，值得注意一下那些假设都是什么。

例如，8 月 11 日骚乱发生时，下议院特地召开大会，里面人群拥挤，英国首相戴维·卡梅伦出席了这次大会，他设法抓住了当时两个非常普遍的默认反应。有趣的是，主流媒体也和他站在同一条战线上，附和他的言论。

艰难的时期，邪恶的人

一方面，他主要进行了西北象限的分析工作。

沿着这个象限的思路，本次骚乱应主要理解为个人病态行为的结果——令人厌恶的或普通的小混混犯下各种罪行。这样解决方法就简单多了：这些人需要受到惩罚，教育他们不要再犯；需要教导他们如何遵纪守法。

卡梅伦首相就是根据这个思路为特地召开的下议院大会做了演讲。

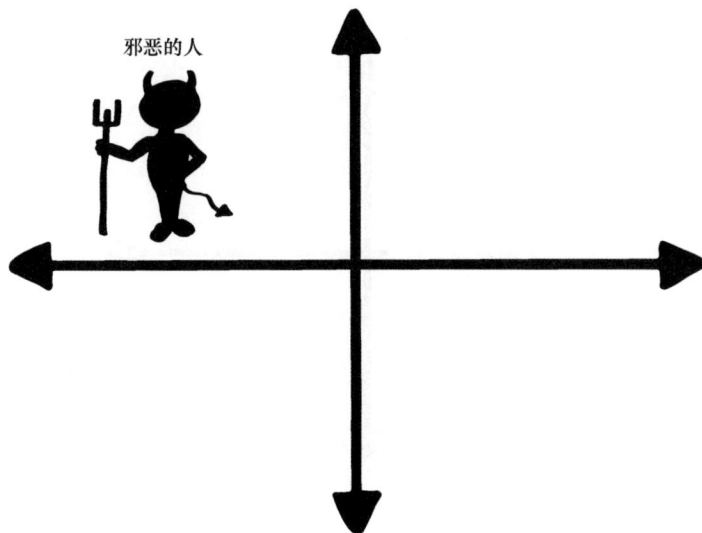

邪恶的人

"你将为你的所作所为付出代价。我们将一路追踪你、找到你、起诉你，最终让你受到惩罚。"

（C/o C4 在线新闻）

伦敦市长随后接受采访时也表达了相同的态度：

"我们需要确保（在这次骚乱中）所有被指控罪名的嫌疑人……都必须为他们骇人的行为及其对社会造成的影响……付出代价。他们应该为自己的行为负责，如果法庭不支持这一宗旨，那么伦敦将感到非常失望。"

典型的（北部）西部象限的思维：个体自主行为，要么道德有问题，要么计划漏洞百出。告诉（或者迫使）他们不要这样做！他们很快就会幡然醒悟。

以这种思路思考的人希望排除任何其他的原因——邪恶/病态就是真正的原因，别无其他。《每日邮报》特别担心与其他（政治）原因搞混了："怪罪于（其他因素），这种歪门邪道才是不道德的、愤世嫉俗的——这才是真正的犯罪"[65]。

"这才是真正的犯罪。"

支离破碎的社会

与此同时，首相在对破碎的社会秩序以及对专家和权威人士未能使社会团结在一起表达不满的同时，也接受了偏向于东北象限的思路分析。

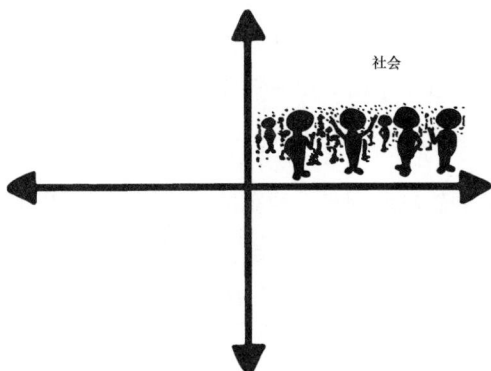

不仅需要惩治病态的个人，而且需要对病态的社会进行重建。

"看到那些年轻人跑在大街上，一边到处打砸窗户、抢劫掠夺，一边狂笑不止——问题的根源在于完全缺乏责任感，缺乏体面的教养，缺乏得体的教育，缺乏正常的道德规范，缺乏良好的社会风气。这才是我们需要改变的。"

在卡梅伦先生的评论家看来，这个讲话显然是以他精心演练的"支离破碎的社会"为主题：是他代表传统的英国生活方式发起的道德讨伐（随后，他的讲话再次触及本次骚乱预示的"道德崩溃"这个主题。无论如何，这都表明了提升我们社会风气的决心。不管是通过审核影响 120 000 个"问题家庭"的所有政策，还是通过新宣布的"向帮派宣战"）。

对许多人来说，这是令人有种莫名安慰的分析：它表明一定规模的目标行为是可以理解的——封闭的村落社区——凸显了社区中所有人的社会道德责任感的重要性。你可以称之为马普尔小姐分析（Miss Marple 意指大脑分析结果——译者按）：

"亲爱的……人类本性在哪里都是一样的，当然，人们可以在一个村落近距离观察它。"[66]

所有这些或许可以很好地忽悠许多选民，但是，如果你想阻止这场骚乱像一个个滚雷一样在伦敦周围散播，应该怎么办？这种思路对你有什么帮助？

一个相关的东北象限的观点以完全不同的视角看待这个问题：这里，骚乱被理解为整个大规模社会体系的产物——不变的社会、文化和经济因素（而不是个体骚乱者的行动）相互作用的复杂结果。换句话说，这属于东北象限的问题，但是聚集点在于引起骚乱者行为的较高水平的影响力。

这不一定是懒惰的软左派观点。早前的查尔斯·狄更斯等社会改革家已将这种形式的犯罪和公民分裂视为贫穷和社会经济剥夺不可避免的产物。他们争辩说，穷人只能这样做。穷人别无选择，这种思维持续下来。他们只是被社会逼迫着采取行动。古谚说"应该怪罪于社会"。穷人只能被人利用。他们处在社会的最底层：对社会、文化、政治和经济都感到不满，我们理应同情而不是蔑视他们。

"我们英国人早已对社会秩序的下滑表示不满。"

从社会改革家崇高的观点来看，这种解释或许是有根据的，但是它推出的是一些奇怪的结论：其中一个解决方案是，我们需要给予无发言权的人的东西正如社会工作者在《卫报》所写的。[67] "年轻的骚乱者都是他们各自生活经历的专家，我们恢复骚乱的唯一方式是倾听现实的问题。"但倾听就会奏效吗？

这种分析方法的真正问题在于，它对我们应对当前局势几乎没有帮助——除了绞着手、喝着茶之外。媒体在不断报道被焚烧的汽车，警察和年轻人之间无休止的追击战，当然，还有"下议院的问题"。作为政策决策者，你如何做才能应对大规模的社会变革，从而对你周围的行为产生影响？分析或许是正确的，但是有用吗？你如何接触社会最底层的人？

当然，即便只是提供权宜之计，它也未能让你的老板——首相先生感觉到事情已在控制之中——选民希望从政治家和政策制定者那里听到什么呢？

谁想听到他们的领导告诉他们这极其困难，看不到解决问题的希望（街头大火仍然在燃烧，救护车鸣笛声犹在耳边）？

因此，从短期来看，东北象限的两种分析都优于我们之前抛弃的"令人厌恶的与病态的"西北象限的分析。两种分析从长远看来或许都有可借鉴之处，然而目前你如坐针毡，它们都不能给你提供任何帮助。当然，他们或许可以（或许不可以）表演给选民看——正如西北象限的分析或许可以、或许不可以使其他象限的人群表示认同——然而这只是权宜之计。

问题在于这两种极端都不能阻止业已爆发的骚乱；它们也不能阻止骚乱从一个区扩散至另外一个区，甚至越过环绕伦敦市的 M25 高速公路，扩散至其他城市。

那么我们的方法可以立刻帮助更好地分析这场骚乱属于何类，并提供一系列更佳的应对战略吗？

骚乱——从历史来看

历史视角可以很好地平衡独一无二的专横及其带来的缺乏远见的影响。历史博大，任何现象都可从中找到："何类事情"的许多例子都可在相似环境中发现，其潜在特征常常不言自明。若无历史观点，各种现象就很容易被误解。

历史分析强调的第一个重点，就是骚乱比我们想象的要普遍得多，我们英国人尤其擅于此道。我们相信——我们告诉全世界——我们是热爱和平的民族，遵守社会秩序，尊重当局。现实却大相径庭，而且永远都是。

社会学家高菲·彼尔森（Geoffrey Pearson）在 1981 年布里斯顿和托斯德暴动（Brixton and Toxteth riots）余波未平时，对暴动和公共骚乱进行了伟大的历史分析，他写到：

"'英国生活方式'的真谛……（就是）……在度过几百年的国内和平后，英国大街上突然陷入一种混乱无序的反常状态，背离了过去的稳定传统……真正的传统是相当不同的：过去的英国人和当今的人一样承受着相同的恐惧，面临着相同的问题；这使得我们必须重新评估我们目前的困难以及未来的前景。"[68]

彼尔森是正确的。回顾历史，很显然，英国没有一直爆发骚乱，但是各种大大小小的骚乱确实不断发生，这足以让我们无法假定任何特殊的事情都是孤立的（政治家和研究人员往往这么认为）。

1990—2011 年期间伦敦发生的骚乱

1990 年伦敦市中心发生人头税骚乱，抗议引入人头税。

1993 年伦敦东南区发生威林（Welling）（反纳粹）骚乱。

1995 年监禁中的年轻人死亡引发布里斯顿骚乱。

1996 年欧洲足球锦标赛期间在特拉法加广场发生骚乱。

1999 年伦敦市中心发生反资本主义骚乱。

2000 年伦敦市中心发生反资本家"五一"国际劳动节骚乱。

2002 年伦敦东南区新尼尔球场（New Den）外爆发米尔沃尔（Millwall）球迷骚乱。

2009 年伦敦东南区厄普顿公园（Upton Park）球场骚乱：米尔沃尔足球俱乐部对西汉姆联足球俱乐部。

2010 年伦敦市中心爆发学生抗议与骚乱。

2011 年伦敦市中心发生反削减抗议与骚乱。

2011 年全伦敦发生骚乱[69]。

无论是由中世纪金匠和丝绸商人领导的骚乱，还是由被压迫的西印度群岛的移民引发的骚乱，或者由 20 世纪 60 年代的反战争抗议者领导的骚乱；由反天主教、反犹太教或全面的仇外运动引发的骚乱；由来访的澳大利亚、美国和加拿大军人导致的骚乱；或者由不受欢迎的税收（杜松子酒、土地和人头税）导致的骚乱——暴动和社会骚乱就像一条金线，从古到今贯穿整个英国，尤其是伦敦。

这不是最近才发生的现象：无论是由中世纪金匠和丝绸商人领导的骚乱，还是由被压迫的西印度群岛的移民引发的骚乱，或者由 20 世纪 60 年代的反战争抗议者领导的骚乱；由反天主教、反犹太教或全面的仇外运动引发的骚乱；由来访的澳大利亚、美国和加拿大军人导致的骚乱；或者由不受欢迎的税收如杜松子酒或土地导致的骚乱，暴动和社会骚乱就像一条金线贯穿在历史长河中。

然而，我们坚持忽视这些记录，忽视今天发生的事情代表对更优雅、更美好世界的一次背离。这类事情的典型特点正如 19 世纪慈善家亨利·沃斯利所说的：

> "任何公正的法官都会承认上个世纪的明显优势，在调查引起青少年犯罪率上升的各种原因时，年龄成为众矢之的，叠加其他原因一起造成青少年犯罪率逐渐上升，令人担忧，然而却不能忽视村落生活的关系的改变。"

我们距离英国（及伦敦）经历的暴乱真相有多远，结果是惊人的。我们为何要采用外来语描述犯下这种行为的人——"小流氓"（爱尔兰语）与"暴徒"（北印度语）？以外国语概念化暴乱意味着我们把责任推向了别处，而不是从我们内部找原因——它是我们生活经历中正常的、不经常出现的插曲，而不是独一无二的、从未出现过的事情。

详细研究骚乱和闹事的历史可得出以下认知：无论曾经多么汹涌，骚乱有来就有去。骚乱不是一生只此一回的事情，而是我们大街上经常发生的事情。它们转瞬即逝，留下一个烂摊子让当局清理，并寻找责任人。如此循环往复。

众所周知的事情

碰巧的是，离我们英吉利海峡最近的邻居也擅于扰乱社会秩序（不仅是布列塔尼牧民封锁英国进口羊肉）。事实上，2005 年法国发生了多起"郊区焚烧"事件，纵火犯多次得手。法国首都周围贫穷城镇的大部分人都是移民，多年来遭受种族歧视、不平等待遇、经济斗争，再加上从未停息的纵火暴行，他们不断地与警察和老派的暴动进行斗争。

澳大利亚悉尼市也不甘示弱。圣诞节前夕，朝阳似火，酒气熏天，悉尼海滩发生大规模骚乱——持续了一周多，当地年轻人和他们称之为"黎巴嫩人与中东佬"（lebs，黎巴嫩与中东裔人代称，带种族诋毁意味）之间的追击战横扫整个西部郊区及周边地区。

当然，美国也发生过各种扰乱社会秩序的事件，绝不仅仅是史上最有名的 1957 年底特律暴动。

这里的重点是，2011 年伦敦骚乱绝不是一个孤立的案例——我们英国与邻国都擅长发起内乱。这是件好事，因为它为我们提供了一个巨大的数据库，可以找出"何类"问题。

何为骚乱？

从上面各种骚乱事件中，我们可以学到什么？

伦敦大学教授马修·摩伦（Matthew Moran）在《世界外交》（*Le Monde Diplomatique*）（著于 2012 年 1 月）一书中强调，纵观世界历史，可以看到该现象的相似之处：

"骚乱在不同环境中表现出一些不变的特征（引发该暴力的事件、对暴力的反应、媒体报道等）。因此，比较骚乱事件的不同爆发是非常有价值的。'

造成骚乱的因素

无论最直接的导火索是什么，都需要几个先决条件才能导致发生骚乱。

1. 许多无所事事的年轻人（完全失业的或半失业的年轻人），有时间闹事。

2. 这群人对当局非常不满，强烈认为受到了不公正待遇（无论原因是什么）。

3. 天气良好（该因素常常不受重视，但是下雨和闹事不会联系在一起）。

2011 年英国骚乱具备了以上三个因素：虽然将近一半的骚乱者受过一定水平的教育，但是大部分人都是没有工作、没有技能的年轻男性——遭受全球金融危机影响尤为严重的一群人。

《金融时报》如此评论到：

"伦敦的居民区根据其平均工资形成了 10 个群体，然而，他们经济水平每下降一个排名，就会新增 11 个骚乱嫌疑人。" [70]

政府不断削减其预算，青年俱乐部、青年项目和中心不断关门，因此就导致了更多的骚乱嫌疑人。由于这些年轻男女大部分时间都在街上闲荡，彼此交流对当局、对警察的看法——结果导致他们内心对当局的愤恨和恐惧逐年增加。《卫报》/ 伦敦政经学院研究一针见血地指出：

"当遵纪守法的年轻人不断成为目标，拦截并搜查他们将破坏其与警察的关系，导致真正的危险。" [71]

在接受采访的人当中，73% 的人宣称他们在过去 12 个月被拦截和搜查过。这是伦敦其他人群被拦截和搜查概率的 8 倍。2005 年巴黎骚乱发生后，其分析报告中也存在相似的数字。

"所有骚乱诱因在 2011 年 8 月蓄势待发。"

更严重的是，2011 年夏天，年轻人在大街上闹事的频率相对更高。

如此严重，英国当局真应该意识到这一点。

复杂，复杂

导致骚乱爆发的原因可能有很多——取决于你选择从什么程度上研究它们。

可以将个体看作令人厌恶的人或病态的人，他们独自行动或成为大的社会经济影响力下无路可逃的对象。个体报告他们的经历以及参与骚乱的不同程度，或许可以反应事情的真相。

但是骚乱突然爆发并扩散，这说明这是错综复杂的现象——绝大多数都是自我组织且无法预测的。

条件可以具备，但是没有导火索或错误的导火索，就什么都不会发生。这就是为何骚乱似乎常常让我们防不胜防的原因。

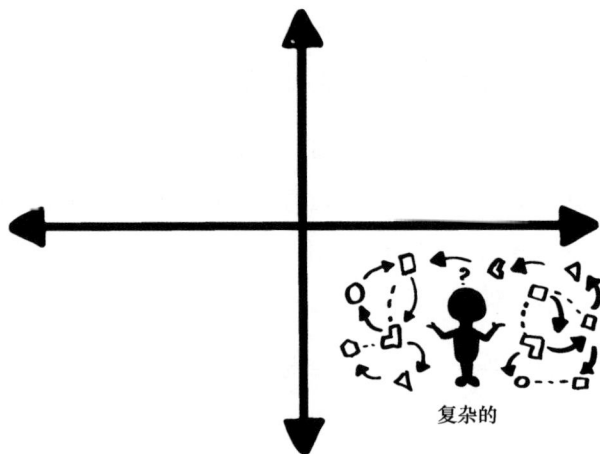

复杂的

似乎骚乱根本上是由社会因素导致的（因此骚乱属于我们图上的东部象限），不固定的骚乱属于东南象限而不是东北象限：极少有"组织者"或"领导人"能够控制闹事者——通常这种行为都是突然发生的，周围的人互相模仿对方的行为，或者做出更恶劣的行为，结果导致其扩散。

这种"影响力"假设在很多情况下都是非常普遍的分析方法——在市场营销中如此，在公共秩序挑战中也是如此。如果我们把任何现象归罪于几个（令人厌恶的/顺从的/有知识的）个人，那我们所有人就感到顺心多了。尤其是因为我们可以随之瞄准社会网络中那些占据主导地位的"中心"。不幸的是，这并非现代世界中绝大多数社会网络（线上或线下）的结构。[72]

事实上，伦敦政治家和媒体早期都认为是帮派在幕后推动这次骚乱，但后来的分析没有认同这种观点（就像几年前巴黎的事件一样）。实际上，后来发现许多街头帮派达成一致，暂停 4 天分歧，目的是让所有帮派成员放下敌意，全面参与到这次骚乱中。

一名闹事者告诉《金融时报》说，"人们都是无偿参加的。他们竭尽所能。有人开了头，其他人就跟进来了，因为这里是贫困区。有人开了门，其他人就这样走进来了。"[73]

伦敦警察局的报告也承认了这一点，指出"一个可能性是，这次暴力事件在无任何预谋的情况下自然爆发了……另外一个可能性是，（伦敦警察局开展的广泛的）社区参与活动没有发现该社区各个分区之间的敌对情绪。"或者两种可能性都有。

推波助澜

此外，媒体过度热情地大肆报道暴力事件的图像画面与反乌托邦话语切实扩大了暴力事件的影响。近年来，美国媒体认识到，对高中枪击事件的高调报道确实会鼓动其他地方发生类似事件。[74]

这种事件一而再、再而三地发生——就像《人群》一书中讨论的盲目模仿的自杀行为——有样学样导致这类事件不断扩散。尤其是在耀眼夺目的 42 英寸高清彩色电视的大屏幕上看到这一幕。从 2007 年的弗吉尼亚理工大学到 2014 年圣巴巴拉市的加利福尼亚大学，心怀不满的人会模仿他们在电视上看到的持枪人受吹捧的伪英雄行为，然后自己付诸实践。

如果主流媒体在伦敦骚乱事件中不偏不倚（不带任何情绪），那么社交媒体就起不到这么大的作用——悉尼骚乱事后分析表明，同伙之间信息传达（尤其是短信）在协助骚乱者协调行动方面起到了重要作用——在伦敦骚乱期间，社交媒体似乎不像主流媒体一开始宣称的那样对该行为的大肆扩散起到了重要作用。

然而，它确实导致一些无意的戏剧性事件。西米德兰兹郡（West Midlands）一名（出了名地无能的）潜在骚乱者认为自己受到了主流媒体的鼓动，大胆在脸书上设计了（公共的）事件页面，目的就是"聚众生事"。

"摧毁诺斯维奇镇（Northwich Town）"，他写到，鼓动闹事同伙于英国夏令时 8 月 9 号下午 13:00 到 16:00 之间在"麦当劳后面"集合（诺斯维奇镇中心的麦当劳餐厅）。

他和他愚蠢的共犯在该页面上发表评论称"我们马上要全力进攻了"，之后，他们受到了法律的惩罚。

暴力病毒

这对于 Gary Slutkin 来说意义重大，他是一名美国流行病学家，在非洲度过了其职业生涯早期，致力于阻止传染病如肺结核、霍乱和艾滋病等的传播。成功应对这些生死斗争的关键因素是制定适合这些行为的干预措施，而不评判他们的道德、动机或性格——甚至是"一类"策略对应"一类"行为。

多数时候，这是指需要深入感染某种疾病的人的现实生活中，像利用目标人员那样利用外展人员，目的就是找出并鼓励除默认选择之外的其他方案。

> **"主要挑战是不要再将暴力人员看作坏人。"**

1995 年 Slutkin 回到美国后，对美国媒体称暴力像"传染病"一样扫荡了美国许多大城市进行了深入思考。他在想，他针对医学的流行病学模型和战略是否对暴力"传染病"一样奏效。

他将暴力扩散看作一种社会现象，而不是个体病态导致的。其他领域获得的数据也强有力地说明了这一点。社会是暴力扩散的渠道：30% 的受虐儿童长大后会变成施虐者，如果你遭受过暴力持枪犯罪伤害，那么你犯同样罪的概率就增加了一倍。[75]

"美国面临的主要挑战是冲破这一思想的樊笼：实施暴力的人都是"坏"人，应对暴力的方法是以暴制暴。"[76]

再回到之前首相将造成伦敦骚乱的人称之为"令人厌恶的"和"邪恶的"人的挑战。你思考一下，你现在认为这种行为是如何被扩散和实施的，他的说法真的和你的想法相符吗？

"深入了解人们（而不是听信传言）。"

听起来耳熟吗？

那么 Slutkin 的方法是如何奏效的？

当丑陋的事件越来越糟的时候，我们绝大多数人相当于已陷入病入膏肓的境地——暴力应对一些臆断的诡计或欺侮；暴力成为首选的解决方案，暴力用于阻断反应。如果受到对手或陌生人的恐吓或发难，年轻人会快速——无论是对还是错——从和平共处转变为暴力相向。这就是病毒性。

和他的健康干预措施一样，Slutkin 采用"阻断者"方法开展反暴力工作——选择勇敢无畏且有技能的个人——他们就像林务局空降灭火的人一样，潜入人们水深火热的处境的核心位置，阻断行为扩散。例如，对于那些激起暴力升级的人，让他们感觉到这是轻视其群体身份、或他们所处的文化、或他们崇拜的英雄和偶像的行为。

结果是相当明显的：全国范围内开展的纽约计划于 2011 年干预了 400 多起事件，2011 年上半年干预了 200 多起独立的事件——其中许多事件都很有可能升级为暴力行为和大规模骚乱——都由他的团队平息了。[77]

Slutkin 获奖的"停火"计划现在在美国许多城市都发挥着重要作用——包括芝加哥和巴尔地摩——但是对于我们来说，最重要的是，它弥合了人与人之间的距离感。

"如果我们真的了解人们变得暴力是被传染的，而且认为有暴力倾向的人存在健康问题，那么疾病控制的方法会更容易让人理解。"

重点是，如果想阻断某件事情的扩散，你真的需要思考其传播过程，深入受感染的人群和潜在受害者当中去。用心去感受，而不是道听途说。

"如果暴力在社会上扩散开来，你需要介入其中，阻断该行为。"

你将如何阻断骚乱扩散？

为什么不再快速回顾一下东南象限的策略，看一看哪一个策略对你最有效、可以阻断骚乱扩散？你会首先采用哪三个策略？

> **推荐的短期策略**
>
> 帮助人们看到彼此的热情
>
> 凸显惩罚措施
>
> 为人们提供共同完成（观看）的事

1. 帮助人们看到（忽视）彼此的热情

采用该策略是必要的，但反过来：阻断个体骚乱者与招募新骚乱者可以看出其他人在做什么。

在 2011 年的骚乱中，媒体大肆报道骚乱者利用新兴的社交媒体平台，彼此交流并协调其攻击。

然而，如果当局与这些平台相互合作，在线倾听他们的对话，那么他们可能获得一些预警，意识到将爆发暴力事件，因此可以更快速更准确地予以反应。

制造骚乱的人利用社交平台来推动或调整暴力，或许对这些人目标更明确的追击本可以有利于提供情报信息，而不只是阻止他们采用这种方式。这正是 2005 年悉尼海滩骚乱事件中当局采取的反应手段之一——通信导致的封闭。

另外一种不太有效的（但是或许更具有象征性的）措施是简单地全部停止服务。虽然这种手段也会无意间造成人群恐慌——断电就会导致这样的后果。

2. 凸显惩罚措施

在随后的采访中，参加骚乱的人表示：被警察抓到的概率很低——警察被打得措手不及，常常只能撤退离开，骚乱者继续在大街上闹事。虽然许多发表评论的人认为报应性司法的本能是可以理解的，然而或许真正的问题是如何尽快尽早宣传参加闹事就会被捕以及随后面临的严重惩罚。

应对这个问题的解决方案之一是在全英国增援警力，并向全国人民公开亮相。就像首相表示的，"我们没有足够的警力来应对大街上的闹事行为"。同样地，伦敦警察局也在后来的报告中表示认同这一点，"我们警察人数不足以应对前所未有的骚乱以及骚乱在不同城市间的扩散"。然而，同样重要的一点是，确保那些被抓到的骚乱者被快速通过司法制裁，并将他们面临的惩罚公之于众。

国家公共安全领导科尔·斯塔梅尔（Keir Starmer）发表评论称（对《卫报》[78]）：

> "骚乱者就像在赌博：'我会被抓到吗？'……如果答案是：'我现在在看电视，和我们在大街上一起参加行动的其他人在 24 或 48 小时后被抓捕了'——我认为这是一条非常有力的信息。"

3. 为人们提供共同完成（观看）的事

从长远来看，为骚乱核心地带的年轻人找到事情去做，让他们没时间去和执法部门打交道，没机会闹事，这将大有裨益。同样地，把更多的时间花在工作上也比较有用（但是实际上，2011 年夏季骚乱事件中被定罪的许多人都是低薪工作者或只有兼职工作的人）。

我并不是说上述措施可以解决短期骚乱，但是如果你希望未来降低爆发骚乱的概率，那么减少主要骚乱人群数量是重中之重。

当然，如果说我们从历史记录的骚乱事件中学到了什么，那就是这些事情终会过去——复杂现象出现又消失，骚乱也终究会消逝。毋庸置疑，向政治家提出这样的建议是非常不受欢迎的——他们喜欢被看作行动英雄，拯救我们逃离坏人的魔掌。

结论就是：如果你在急于拿出战略和战术前，能够思考一下你着手应对的是何类事情，那么即使看起来恐惧且离文明世界遥远的事情都会像骚乱一样迎刃而解。

本章将我们在本书前面几章讨论过的问题和工具付诸实践。

本章讲述的是"如何操作"而非"理论"：教你如何去做，而不只是思考。

重点并不是你对 4 个挑战中的任何一个有了确切答案。

尤其是因为这里根本没有任何"明确的"答案——对于如何发布一款新产品或改变一种行为或应对公民紧急事件（我们希望我们任何人永远都不要面临后面一种情况……）。

相反，本章的重点是让你有机会按照这种方式工作：给你提供实际经验，助你对于之前我们讨论的三大问题：图、策略归档、以及工具和技巧制定策略。从模仿中学习。

本章的主题和我们全书主题是一脉相承的。

专注于行为以及该行为的选择风格。哪些和你之前听说的相符，哪些不是。

意识到独有性：思考一下这属于何类事情？

从过去成功改变这类行为挑战的事件中界定策略。

从模仿中巧妙学习，赢取成功——将此转化为久经现实世界考验的东西。

结论

本章中是关于你和你的经历，因此应由你得出结论。

- 你从这些实践中学习到了什么？

- 这种方法从哪方面可以帮助你制定策略?

- 你觉得哪些地方让人感觉不舒服?

- 它从哪方面让事情变得更容易 / 更佳?

- 我们应该向其他人传播什么?

用一点时间，记录下你的思考。

如果你喜欢它，请在 CopyCopyCopy.co. 网站上与我们交流和分享。

后序

按我说的去做。把握住，假装这是一个计划。

——《神秘博士》第七季，英国广播公司威尔斯分公司（BBC Wales）

在 F1（一级方程式世界锦标赛）的启发下，更多的生命得到了挽救

随着现代科学与技术带来的巨大进步，没有哪个领域比外科、尤其是心脏外科受益更多的了。

马丁·埃利奥特 (Martin Elliott) 是格雷沙姆的医学教授，担任伦敦大学儿科心胸外科教授兼大奥蒙德街儿童医院妇幼科主任。他指出，在他执业期间，他所在的医学领域的死亡率从几近 100% 骤减到个位数。也就是说，从几乎每个人在手术台上或经过手术之后都会死亡下降到几乎无人死亡——这恰恰是从他开始工作后发生的。这要归功于创新性实践与新技术的运用。

即使在马丁的专业——儿科心脏外科手术领域里，也取得了很大的进步，现在，一个患有先天性心脏缺损（即"心脏上有个洞"）的 2 岁宝宝手术成功实施这类消息不再像十年前一样成为媒体的头版头条了。然而，对一个生命实施这类手术依然是难度极高、挑战极大的，而且执医者颇引以为傲。

然而，马丁及其奥蒙德街儿童医院的同事们毕生都在孜孜寻求新方法，以此提升手术效果。

他们一方面需要制定一个共同的标准来比较结果——奇怪的是，国际上对外科手术没有可接受的标准评估。第一步就是帮助他专业的人找到最佳实践，并从中学习（模仿周围的专家，如果你喜欢）。

另一方面，就是学习他们专业领域以外的人和实践：向喧嚣昂贵的一级方程式世界锦标赛学习。

无心插柳柳成荫 [79]

2003 年，马丁及其同事艾伦·戈德曼（Allan Goldman，大奥蒙德街儿童医院儿科 ITU 团队的带头人）在阶梯手术室度过了紧张、疲惫的一天后，他们

观看电视 F1 赛放松放松。外科手术令人筋疲力尽，耗时长，且程序严密，大奥蒙德街儿童医院要求更为严格，举世闻名。观看比赛结束后，有人去了酒馆，有人去了健身房，还有人直接就在电视前倒下了。

事情往往如此，一个疲惫不堪的头脑有时会看到旁人无法看到的东西。这里，两个疲劳的人看到了相同的奇怪的事情：首先，手术室在布局上——其设计和手术床周围器械的摆放——与维修站修理车的庞大团队呈现出惊人的相似性。

更为惊人的，或许是——两个团队在周转上的速度和精确度上的差异——相比之下，医疗团队似乎比维修团队的行动迟缓，缺乏积极性，尤其是在交班的时候。

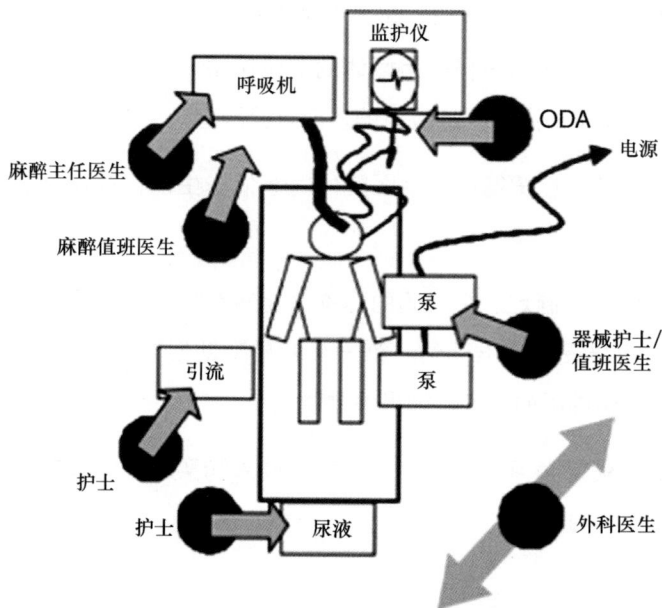

版权：2007 年，约翰·威利父子出版公司

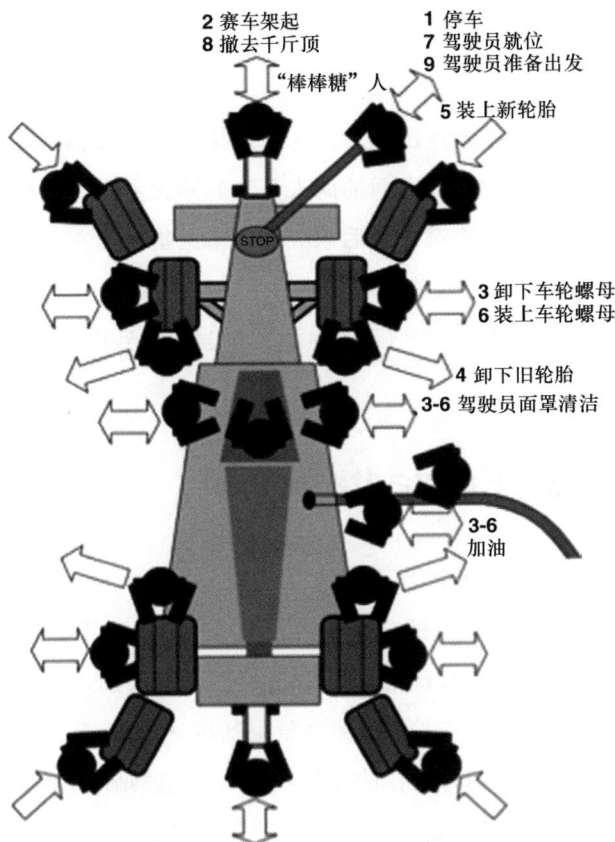

2 赛车架起
8 撤去千斤顶

"棒棒糖"人

1 停车
7 驾驶员就位
9 驾驶员准备出发

5 装上新轮胎

STOP

3 卸下车轮螺母
6 装上车轮螺母

4 卸下旧轮胎
3-6 驾驶员面罩清洁

3-6
加油

步入正轨

在好奇心的驱使下，艾略特和戈德曼邀请纽伯里的麦克拉伦（McLaren）F1小组为他们讲解维修站人员是如何保持良好运作的。他们学到的主要知识是重视人为因素分析，尤其是消除小错误，而不是大失误。小错误是大敌人，就像他们在比赛进行到白热化阶段突然滑倒一样。

其实，大奥蒙德街儿童医院的团队已经知道这些了。马克·德·勒瓦尔（Marc De Leval）教授之前发表了一项具有争议的研究，恰恰是关于从外科手术到 ITU 的人为因素分析，他得出的结论是，小小的人为失误和病患的不利结果之间有很强的关联。

试想一下：病人从手术室出来后，身上连接着多个设备，如心脏起搏器和输血管——它们就像是弱小、虚弱的病人身上的意大利面。重新连接时哪怕一个小小的失误都可能造成灾难性的后果。手术室医护人员在手术台上为虚弱的病人精神紧张、集中精力地实施几个小时手术后已是疲惫不堪。ITU 团队只是想不受干涉——希望在护理病人时不受干预。这时虽小但致命的错误会趁虚而入。

意大利力量党（Forza Italia）

艾略特和戈德曼并没有满足于概念化的洞见：他们希望确切了解 F1 维修团队具体是如何保持良好运营的——他们可以从中汲取到什么实践经验。因此，现在人为因素专家肯·卡奇普尔（Ken Catchpole）又加入进来，他们三人飞到意大利的法拉利总部，与法拉利技术主管尼基尔·斯蒂芬 (Nigel Stepney) 会面。他们首先给他播放其医疗交接的视频片段，并描述画面中的过程。

斯蒂芬无比惊骇。F1 团队已做好万全准备，可应对任何数量的突发事件，安排几近完美，而医疗团队只能应付当前发生的状况；"交通安全员"指挥赛车手开进来，给他们开始的信号，而从手术到 ITU 团队之间却没有人负责交接工作。每位 F1 团队成员都接受过培训，避免小失误，但是外科手术的医护人员接受的培训是不要出现大错误（当时看起来似乎是合理的）。事实上，基于各自的培训和经历，许多人都有自己独特的成功实践。F1 团队制定了一份单独的检查名单，以确保所有小事情都已做到位。许多外科手术小组交接的时候根本没有检查清单：这些受过高级培训的专业人士就直接接手工作。

医院内经过此练习、测试和制度化，F1 的一些最佳实践已助力大奥蒙德街儿童医院显著提升了手术效果。马丁的团队已减少了 40% 的错误发生概率，对病人的手术结果带来了很大影响。从手术小组到 ITU 交接期间发生的错误得以减少，这意味着给病患带来了改善。而真正重要的是，该实践源于医疗领域之外。

现在，将近 10 年过去了，其他医院的其他外科手术小组——英国和美国医院的——现在都乐意采用这些简单的实践来提升病患治疗效果。

模仿，模仿，再模仿

讲述这个故事的意义不仅是关于马丁或他的小组或外科手术或者 F1。相反地，它蕴含着我想在此书中表达的基本思想。

模仿在创造价值、解决问题和驱动创新方面起着重要作用。

灵活模仿（这里指的是放眼全局）而非刻板模仿意义重大。

提出何类（一类）事情的问题的必要性：在此例中，发现躺在手术床上的患者与维修站 F1 赛车手及其团队为其做出的安排之间的相似性。如果没有意识到二者之间的相似性，那么想法和实践从一个环境到另外一个环境的传递就属于凭猜测做出的工作。

"告诉我你的意思"的必要性：将事情从一个领域转化到另一个领域，而不只是停留在概念化的相似性上。此外，最终还需要测试和学习。

当然，如果马丁及其同事还有世界上其他地区的同行们制定出全球可接受的统一的评估病患结果的标准，这样，无论好坏的实践都可以在这个领域分享，那也将非常伟大。但是就当他们在为此奋力解决的时候，从一个毫不相干的领域学习的一个简单的方法起到了画龙点睛的作用，而且结果立竿见影。

如果是这样，那么什么时候……?

我在写作《人群》一书的时候，想方设法让制定战略的人们去思考他们希望改变的人的行为——我想为他们各自不同的旅程画一张更好的图。

然而，我有意拖延着，没有给读者提供太具体（或者廉价易得，我当时这样认为）的答案。我真的希望该书（以及随后的《盗言窃行》一书）里描述的这张新图能激发大家重新思考该做什么。

> **"擅于模仿并借助他人的工作成果。"**

事实证明，自从《人群》出版后，我一直喜欢与不同领域的人交流——他们有的来自市场营销和军事领域，有的来自政府部门和各品牌，有的来自英国，有的来自美国，还有世界上其他地方的。我发现我一直在做的事情就是努力为该书提倡的新世界观拿出具体答案。

我有幸与有意实验并实现新结果的合作伙伴和客户合作，因此我们一直致力于发明许多新事物——新的研究工具、新的分析技巧、新的让观众参与进来的方式、新的职称（绝大多数实际上都是我们从其他地方模仿而来的）。

我们应该如何做？

现在我觉得有必要直接回答该问题了，"如果这个世界像你说的那样，那么我们该如何做才能创造不同？"

这正是本书的目标所在——尽力清楚表达我们应如何改变制定策略的方式。

答案如下：你在制定策略时，擅于模仿并采用他人的劳动成果；同时放弃"原创"，放弃"创造性天才"，放弃"创新即发明"，这是我在第二章讲述的内容。

如果我们制定策略的大环境——从竞争和消费者行为方面来讲——是呆板的，并且"信仰牛顿学说"，那么老套的制定战略的还原论方式将占上风：将每个问题都看作独一无二的问题，而战略家的工作就是研究每个问题最初的条件（深挖细节），这样才能拿出独特的且合情合理的解决方案（同时丢弃一切错误的解决办法）。

- 你可以把时间用在完美还原论者的事情上。

- 你可以利用尽可能多的资源，组织一批战略家制定百分百正确的战略，然后你再开始实施运用。

- 你可以深思熟虑，追求做好准备—瞄准目标—开火的方法。

然而，还有许多和我持同样想法的人认为，这不是世界运作的方式。市场人、政策制定者和经理人所处的环境是错综复杂、瞬息万变且不可预测的。

有些事情很长时间内保持不变，但突然就会发生变化；有些则是一直处于急剧变化的状态中；有些甚至同时处于两个极端——既一成不变又变幻莫测。

"你必须尝试广泛模仿，学习每个问题的解决方案——快速重复上述步骤。"

你不能把老套的制定策略的模式运用到新环境下：不能朝着"既定的"答案（独一无二的答案）走一步思考一步。你必须尝试广泛模仿，学习每个问题的解决方案——快速重复上述步骤。

你不能指望你一个人想出这些主意——无论你有多聪明。你需要借助人才优势（不，不是利益，虽然这在我看来没什么错）。

你需要学习利用周围比你聪明的人的才智。

- 先模仿，后创造更佳成绩（从这个层面上你将记住我说的"更差的意思"）。

- 灵活模仿，纵横捭阖地模仿。

这是唯一一种你可能获得想法的方式，而且速度足够快。

"从战略家对'我做得有何不同的？'问题的回答，可以看出模仿的是好还是坏。"

模仿的好/坏是战略家应对人的问题的首要技能。

模仿的好 / 坏是轻松适应现代商业环境的技能。

下一步如何去做？

顺着我的思路走下去，下面就是人们提出的一些质疑，以及我给大家的一些回答。这或许可以帮助进一步澄清我的主张。

你不就是想让我们多拿出几个策略吗？

恰恰相反：这是人为制定的策略（人类最善于模仿了）。确保你模仿的是成功的人或物，而且是灵活模仿，纵横捭阖的模仿。而且你还要广泛模仿，而不是认为只模仿一个就足够了。

你提供了所有答案，那不会使行业的专业技巧都丧失了吗？

根本不是这样：这种想法误解了该策略是如何奏效的。你仍然需要了解针对的行为以及促其形成的规则，是形成一类行为而不是需要独特解决方案的独一无二的行为。这样策略的作用就显示出来了，而不是像一位老艺术导演曾经说过一句名言，"一些彻底的概念化的东西以及毫无意义的反复处理"。在任何情况下，为专业和业余建筑家提供建筑样板书并不会真的毁坏建筑界，不是吗？

这会不会造成只拘泥于优秀策略？

这个质疑或多或少是对的。我们许多人在工作中头脑里都有一个"样板书"的策略，只是我们极少有人对此进行确切分类。

区别在于：

1. 根据其应对不同选择的成功之处进行策略分类；

2. 策略的绝对数量使其难以默认分类到"我最喜欢的俱乐部"中。

换句话说，策略的绝对数量可以帮助你更灵活（是件好事情）广泛地模仿。

这本书包含了所有策略了吗？

没有：这本书里介绍的 52 种不同类型的成功策略是我和我的合作者们在工作中总结出来的。以后我可能还会引入新的策略——或许是在本书以后的版本中——以防其过时。

我希望它够全面，但绝不能说是面面俱到。你或许也想加入你自己的策略。如果你有任何建议，请将其发送到 CopyCopyCopy.co。如果是好的策略，我们会收录进来，你将得到嘉奖。

如果本书的例子没有反映出我的领域怎么办？

不要担心，正如第二章建议的，这里的重点是让你学习你所在领域之外的知识。事实上，如果你发现某个例子恰巧反映了你的领域，那么我还可以给你找出其他例子。我们不希望产生任何单独的谍影狂"模"，不是吗？

这本策略模式书籍代替测试和评估了吗？

不，一点也没有。我们的宗旨是创造策略并在其转化为原型前进行测试——多多测试，而不是少量测试，而且要提前测试。然而，鉴于样板书的内容都是其他领域的成功策略，而且是基于它们对不同选择的影响力而分类的，所以它们应该让你更有信心进行测试（不像单一解决方案测试时给我们带来的焦虑）。

这会代替现代商业所痴迷的整个"敏捷"过程吗？或者，其他的？

简单来讲，它是敏捷过程的助推剂：它给你提供的内容可以更有效地驱动敏捷过程。如果你不是正式地"敏捷"，那么它可以帮助你更轻松地实现。

原创与模仿原创

本书开头以及贯穿其中的是一些伟大发明家的例子——伟大的原创者，发明创造了惊人的、非凡的东西，但是所有"独一无二的发明"中都包含模仿他人成果的成分；事实上，他们在他人成绩的基础上做出了自己的创新。

从艾萨克·牛顿等科学家到史蒂夫·布雷斯福德等运动教练，从毕加索和莎士比亚等历史上伟大的艺术家到菲利普·普尔曼和乔治·R·R·马丁等现代小说家：所有这些人无一例外走过的发展之路都是相同的，那就是模仿他人（尽管有些人不想承认这一点）。他们这些人都是我们认可的在各自领域做出了卓越贡献的创新者和发明家，然而他们每一个人都首先学习他人成绩，然后才实现了"天才"的成就：他们都是他人成果的借鉴者和窃取者。

说起模仿，没有人比得上埃尔维斯·普雷斯利——他是"盲目模仿时代的原创人"，又是盲目模仿者当中的佼佼者。埃尔维斯幻想他一生都能荣光万丈，幻想成为他儿时崇拜的英雄小神奇队长（Captain Marvel Jr）（这或许可以解释他后来的一些疯狂举动，例如他向时任总统尼克松自荐他会柔术，而且对毒品有依赖性，所以要去领导反毒品战争）。埃尔维斯顶着头上的光环，生活从来都没轻松过。极少有人可以做到——它使得事情异常艰难——我的一位老同事（不是埃尔维斯）感到保住"天才"的位子犹如千斤重担在身，他每年都斥资巨款，就是为将一份趋势报告妥善锁藏起来，这样他就可以忽视该报告的结果，并奉上自己的报告结果，从而保住其"大师"的地位。

因此，或许本书倡导的最有用的方法之一是，放弃你自己独一无二性的想法——天才带来的特殊地位是以解决棘手问题为代价的。或许对于创新者和战略家来说，现在是时候抽身退出聚光灯下了，并且接受我们站在他人成果的基础上，广泛模仿他人（且常常是无名之辈）的成功，然后创造我们自己的佳绩：模仿得好，我们才能做得好。

我们不再讨论这种特殊主义了，开始说一说如何更"人性"吧——更人性化，乐意成为芸芸众生。谨记一点：原创来自于你和他人交流的成果，而不是你独自冥思苦想的结果。你模仿他人，然后创造新的和不同的东西，你所做的一切都是人之常情。

"王子、臣民、父亲、儿子都是过眼云烟，每个人都希望成为人中之龙，与众不同，独一无二。"

——约翰·多恩（John Donne）之《世界的剖析》（An Anatomy of the World）

你永远不会知道。或许你喜欢做性情中人。

致谢

当今，作家向所有为其著作发表评论或帮助出谋划策的人致谢已经成为一种约定俗成的惯例，甚至在学术界也是如此。然后，再厚着脸皮独自承担书中可能出现的一切错误的责任。这似乎是一种虚伪的谦虚。

本书的不同寻常之处在于，它讲述的是如何借助他人的工作成果创造全新的创新性解决方案。这一宗旨是许多人的智慧结晶——本书中提到了一些，但未一一列举。

约定俗成也好，陈词滥调也罢，我的感谢都是肺腑之言。

我的重要合作者亚历克斯·本特利教授和约翰·V·威尔谢教授从始至终对本书提供了一如既往的指导和帮助，他们虽各有千秋，但都直接塑造了本书的思想。约翰精致的插图使书中故事立刻变得栩栩如生。感谢二位。同时感谢 Smithery 的弗雷泽·汉密尔顿和蒂姆·米尔恩提供的绵羊造型的对话框卡片和张贴物。

早期读者，如约翰、加雷斯·凯（Gareth Kay）、莉斯·威尔逊（Liz Wilson）、大卫·伍德（David Wood）、加内特·邓肯（Kevin Duncan）以及朱莉·科尔曼（Julie Doleman）提供了极其有用的帮助，避免了令人尴尬的错误出现，同时为本文贡献了一些新的、更佳的案例和想法。

本书成书过程中，诸多热心的支持者对本书的思路提供了有益的建议，我特别感动。他们是营销协会的吉玛·格里夫斯（Gemma Greaves），绿皮书和洞察创新交流的休·麦克劳德（Hugh 'gapingvoid' Macleod）、汤姆·菲什伯恩（Tom Fishburne）、莱尼·墨菲（Lenny Murphy），MRS 的马克·布瑞纳（Mark Brenner），美国制药商协会的科林·格雷姆肖（Colin Grimshaw），

BrainJuicer 的约翰 · 卡伦（John Kearon）、苏珊 · 格里芬（Susan Griffin）、奥兰多 · 伍德（Orlando Wood）、汤姆 · 尤因（Tom Ewing）与亚历克斯 · 巴彻勒（Alex Batchelor），创意协会的杰夫 · 格雷（Geoff Grey）、保罗 · 格雷厄姆（Paul Graham）、汤姆 · 戴利（Tom Daly）、阿里斯泰尔 · 巴尔 (Alistair Barr)、吉尔斯 · 莫里森（Giles Morrison）和本 · 摩尔（Ben Moore）（二位之前都就职于索尼公司）、Dominic Grounsell、索菲 · 劳斯 (Sophie Rouse)、李沛腾（Lee Payton）、大卫 · 亚伯拉罕（David Abraham）、麦克 · 欧布雷恩（Mike O'Brien）、丹尼尔 · 菲亚达卡（Daniele Fiandaca）、依尼 · 怀特利（Elle Whitely）和马克 · 查尔默斯（Mark Chalmers），生命科学学院的 Morgwn Rimel 和凯茜 · 海恩斯（Cathy Haynes），MEC 的加雷思 · 辛普森（Gareth Simpson）、亚历克斯 · 弗利特伍德（Alex Fleetwood）（现在已过气的法国乐团 Hide & Seek 的联合创始人）和 Sue Unerman，施罗德投资公司的雷蒙 · 奥莱（Ramon Olle）、克里斯 · 克拉克（Chris Clark）、格雷汉姆 · 伍德（Graham Wood）、佩尔 · 托尔贝里耶（Per Torberger）、约恩 · 普里查德（Eoin Pritchard）、Richard Quance、安东尼 · 米勒 (Anthony Miller)、蒂姆 · 哈米尔（Tim Hamil）和罗杰 · 古德柴尔德（Roger Goodchild），Hiut Denim 的戴维 · 海特（David Hieatt）及惊人的 Do Lectures，硅谷海滩的 Matthew Desmier，地球之友的乔 · 詹金斯（Joe Jenkins），还有马儒超与 Nicole Yershon。

威利出版社的朋友乔纳森 · 希普利（Jonathan Shipley）和伍珮莹（Jenny Ng）也十分敬业乐群，对此书的面世做出了很大贡献。

然而，最重要的是，我要感谢我最爱的三位女性，没有她们，就没有本书：一位是我的姐姐罗斯和她精美的 140 分贝的音乐盒；一位是我逝去的母亲凯丝，她对我的谆谆教诲犹在耳边；还有就是我的贤内助莎拉，她让生活变得更美好（一直督促我前行）。

生命不息，让我们奋力前进吧。

伦敦，2015 年

参考文献

1   http://rsnr.royalsocietypublishing.org/content/62/3/289.full.

2   RA Bentley (2008) Random drift versus selection in academic vocabulary.
    PLoS ONE 3(8): e3057. doi: 10.1371/journal.pone.0003057.

3   http://www.cyclesportmag.com/features/inside-the-mindof-dave-
    brailsford/.

4   http://www.bbc.co.uk/sport/0/olympics/19174302.

5   Interview BBC Radio 4 Saturday Live, 7 September 2013.

6   Mikal Gilmore (2014) 'George R.R. Martin: The Rolling Stone Interview',
    Rolling Stone Magazine, 23.4.14 online at http://www.rollingstone.
    com/movies/news/george-r-r-martin-the-rolling-stone-interview-
    20140423#ixzz33m5vlfSS.

7   O Jones (2015) Every Great Individual stands on the shoulders of others,
    Guardian Online, Sunday 4th January 2015.

8   Karl Marx (1845) Theses on Feuerbach in *Marx/Engels Selected Works*,
    Vol 1. pp. 13–15.

9   BBC News online: http://www.bbc.co.uk/news/uk-walessouth-east-
    wales-19765768.

10 http://www.youtube.com/watch?v=ZsKFTFBMst8.

11   Online at http://www.elvis–history–blog.com/elvis–miltonberle.html.

12   http://en.wikipedia.org/wiki/Elvis_Presley

13   http://www.dailymail.co.uk/news/article–2233797/Bernard–Lansky–
     death–Legendary–clothier–dressed–Elvis–Presley–dies–aged–85.html.

14   John Arlidge (2014) 'iPraise indeed for Stever "Stinger" Jobs', *Sunday
     Times* online.

15   http://www.poynter.org/latest–news/everyday–ethics/177809/whats–
     wrong–with–jonah–lehrer–plagiarizinghimself/.

16   Chief amongst Biden's accusers was the same Maureen Dowd who has
     herself been challenged about plagiarism more recently.

17   'Joe Biden Plagiarised Kinnock Speech', *Telegraph*, 23 August 2008. See
     also David Greenberg (2008) 'The Write Stuff: Why Biden's plagiarism
     shouldn't be forgotten', *Slate Magazine* online at http://www.slate.com/
     articles/news_and_politics/history_lesson/2008/08/the_write_stuff.html.

18   Policy statement, 1944, of the Youth League of the African National
     Congress.

19   Ibid.

20   D Tutu (2000) *No Future without Forgiveness: A Personal Overview of
     South Africa's Truth and Reconciliation Commission*, London: Rider & Co.

21   AN Meltzoff and MK Moore (1977). 'Imitation of Facial and Manual
     Gestures by Human Neonates', *Science*, 198, 75–78; AN Meltzoff (1999)
     'Born to Learn: What Infants Learn from Watching Us', in N Fox and
     JG Worhol (eds.), *The Role of Early Experience in Infant Development*,
     Skillman, NJ: Pediatric Institute Publications.

22 This is much tougher for the offspring of other apes–we are unique amongst them in 'alloparenting' (sharing parenting with those other than the genetic parents) as Sarah Blaffer Hrdy points out in her 2011 book *Mothers and Others: the Evolutionary Origins of Mutual Understanding*, Cambridge, MA: Harvard University Press.

23 RA Bentley, MB Earls and M Obrien (2011) I'll Have What She's Having–Mapping Social Behaviour Cambridge, MA: MIT Press.

24 D Kahneman (2012) Thinking Fast, Thinking Slow, London: Penguin.

25 L Rendell, R Boyd, D Cownden, M Enquist, K Eriksson, MW Feldman, L Fogarty, S Ghirlanda, T Lillicrap, and KN Laland, 'Why Copy Others? Insights from the Social Learning Strategies Tournament', Science, 9 April, 328(5975): 208–13. doi: 10.1126/science.1184719. Online at http://www.ncbi.nlm.nih.gov/pubmed/20378813.

26 *MovieMaker Magazine #53*, Winter, 22 January 2004.

27 Title of the 2nd studio album by Talking Heads (1978).

28 Online at http://birdabroad.wordpress.com/2011/07/20/are–you–listening–steve–jobs/.

29 PM Nattermann (2000) Best Practice does not equal Best Strategy, *McKinsey Quarterly*, 2.

30 J Schumpeter (1911) *Theorie der wirtschaftlichen Entwicklung* translated as (1934) *The Theory of Economic Development: An inquiry into profits, capital, credit, interest and the business cycle*.

31 M Gilmore (2014) *Rolling Stone Magazine* (see the Introduction).

32 http://magicalnihilism.com/2009/11/07/get–excited–andmake–things/.

33 Film, music, script and narration by Temujin Doran. http://www.studiocanoe. com/index.php?...http://www.directorsnotes.com/2012/03/06/the-story-of-keep-calmand-carry-on/.

34 R Sennett (2008) *The Craftsman*, New Haven, CT: Yale University Press.

35 C Darwin (1859) *On the Origin of Species by Means of Natural Selection, or the Preservation of Favoured Races in the Struggle for Life*, London: Murray.

36 http://www.bbc.co.uk/history/historic_figures/watt_james.shtml.

37 C Leadbeater (2009) *We-Think: Mass Innovation, Mass Production*, London: Profile Books.

38 The significance of this will become clear shortly.

39 *Father Ted*, Series 2, Episode 2, 'Hell'.

40 Fansite: http://www.isihac.co.uk/games/ostttoae/ostttoae-d.html.

41 TS Eliot (1921) *The Sacred Wood*, New York: Alfred A. Knopf.

42 A Damasio (2006) *Descartes' Error: Emotion, Reason and the Human Brain*, London: Vintage.

43 Robert Louis Stephenson, Essay 193 cited in *Paperwork: Fiction and Mass Mediacy in the Paper Age* by Kevin Mclaughlin.

44 From the Latin–'I draw therefore I am'.

45 Steven Pinker (2005) 'College Makeover', *Slate Magazine*, 16 November 2005, http://www.slate.com/articles/news_and_politics/college_week/2005/11/college_makeover.html.

46 R Sennett (2008) *The Craftsman*, New Haven, CT: Yale University Press.

47 Austin Kleon (2012) *Steal Like an Artist–10 Things Nobody Ever Told you about Being Creative*, New York: Workman Press.

48 http://austinkleon.com/2011/06/11/interviews/.

49 John Snow, letter to the editor *Medical Times* and *Gazette* 9: 321–22, 23 September 1854.

50 See Earls (2007) *HERD – How to Change Mass Behavior by Harnessing Our True Nature*, Chichester: John Wiley & Sons; RA Bentley, M Earls and MJ O'Brien (2011) *I'll Have What She's Having – Mapping Social Behavior*, Cambridge, MA: MIT Press.

51 http://www.youtube.com/watch?v=rMMHUzm22oE.

52 Bentley, Earls and O'Brien (2011) *I'll Have What She's Having*. See also RA Bentley, MJ O'Brien and W Brock 'Mapping Collective Behavior in the Big–data Era', *Behavioral and Brain Sciences* 37: 63–119.

53 Matthew J Salganik, Peter Sheridan Dodds and Duncan J Watts (2006) 'Experimental Study of Inequality and Unpredictability in an Artificial Cultural Market', *Science*, 10 February 2006: 311(5762): 854–56; Matthew J Salganik and Duncan J Watts (2008) 'Leading the Herd Astray: An Experimental Study of Self–Fulfilling Prophecies in an Artificial Cultural Market', *Social Psychology Quarterly*, 2008 Fall: 74(4): 338.

54 Latin – roughly translated as 'disinclined to reveal secrets'.

55 http://www.washingtonpost.com/wp–dyn/content/article/2006/02/24/AR2006022400823.html.

56 See Earls (2003) *Welcome to the Creative Age*, Chichester: John Wiley & Sons, Earls (2007) *HERD* and my discussion with UeberBlogger Hugh Macleod at http://gapingvoid. com/2008/10/18/the–purpose–idea–ten–

questions–for–markearls/for more details on purpose ideas.

57 N Taleb (2013) *Anti–fragile: Things that Gain from Disorder*, London: Penguin.

58 Kim Erwin (2013) *Communication the New: Methods to Shape and Accelerate Innovation*, Chichester: John Wiley & Sons.

59 Cited in Erwin (2013).

60 Ed Catmull (2014) *Creativity Inc. Overcoming the Unseen Forces that Stand in the Way of True Inspiration*, London/New York: Bantam Press.

61 Catmull (2014).

62 Mid–term review.

63 Herminia Ibarra (2015) By Being Authentic, You May Just Be Conforming, *HBR Online*, Jan 19, 2015.

64 Jonathan Sachs, 'Reversing the Decay of London Undone', *Wall Street Journal*, 20 August 2011, http://online.wsj.com/news/articles/SB1000142 4053111903639404576516252066723110.

65 *Daily Mail*, 9 August 2011.

66 Agatha Christie (1933) *The Thirteen Problems*, Ch. 6.

67 Rebecca Joy Novell, 'The summer's riots happened because we didn't listen to young people', *The Guardian*, 18 November 2011, http://www.theguardian.com/social–care–network/social–life–blog/2011/nov/18/riotshappened–listen–young–people.

68 G Pearson (1983) *Hooligan: A History of Respectable Fears*, Basingstoke: Palgrave Macmillan.

69 Sourced from http://en.wikipedia.org/wiki/List_of_riots_in_London.

70 S Gainsbury and N Culzac, 'Rioting Link to Deprivation Revealed', http://www.ft.com, 4 September 2011.

71 P Lewis, T Newburn, M Taylor and J Ball, 'Rioters Say Anger with Police Fuelled Summer Unrest', 5 December 2011, http://www.theguardian.com/uk/2011/dec/05/anger-police-fuelled-riots-study.

72 SP Borgotti, A Mehra, DJ Brass and G Labianca (2009) 'Network Analysis in the Social Sciences', *Science* 13 February 2009, 323(5916), 892–95, DOI: 10.1126/science.1165821.

73 Sally Gainsbury and Natasha Culzac (2011) 'Rioting Link to Deprivation Revealed', *Financial Times*, 4 September 2011.

74 Nigel Barber (2012) 'The Human Beast' (online, *Psychology Today*) http://www.psychologytoday.com/blog/the-human-beast/201207/copycat-killings.

75 http://www.wired.co.uk/magazine/archive/2013/06/ideasbank/like-many-other-diseases-violence-can-be-cured.

76 http://www.ssireview.org/blog/entry/interrupting_the_transmission_of_violence.

77 http://www.theguardian.com/uk/2011/aug/14/riotingdisease-spread-from-person-to-person.

78 F Bawdon, P Lewis and T Newburn, 'Rapid riot prosecutions more important than long sentences, says Keir Starmer', 3 July 2012, http://www.theguardian.com/uk/2012/jul/03/riot-prosecutions-sentences-keir-starmer.

79 N Gautam (2006) Hospital races to learn lessons of Ferrari crew, *Wall Street Journal* (online) & KR Catchpole, MR de Leval, A McEwan, N Pigott, MJ Elliot, A McQuillan, C MacDonald and AJ Goldman (2007) Patient handover from surgery to intensive care: using Formula 1 pit-stop and aviation models to improve safety and quality, *Pediatric Anesthesia* 17, 470–478.